悦动空间
健身训练

肌肉训练图解

1000例

[美] 本·马肖特（Ben Musholt）著　赵小钊 译

MAD SKILLS
EXERCISE
ENCYCLOPEDIA

U0739947

人民邮电出版社
北京

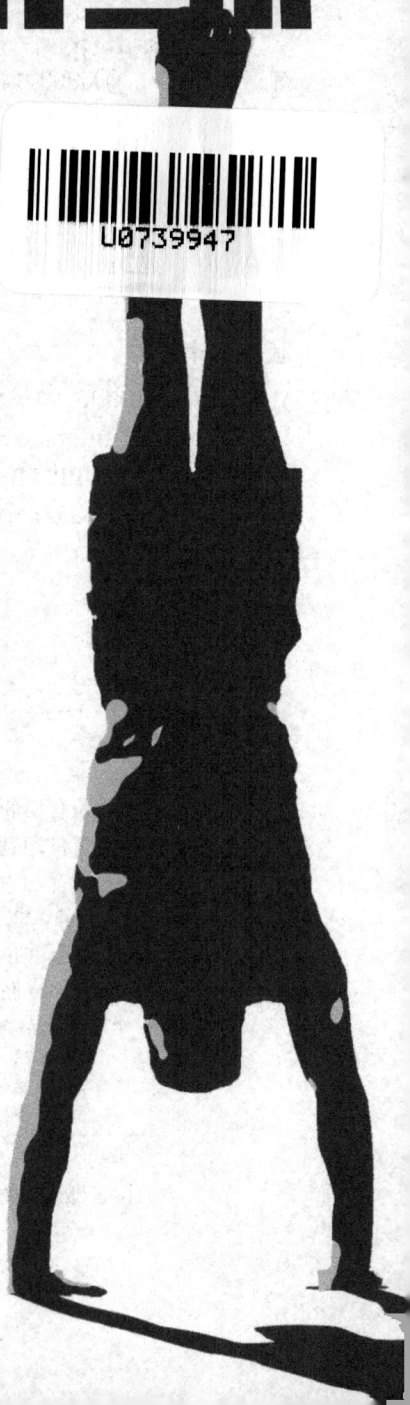

图书在版编目（ＣＩＰ）数据

肌肉训练图解1000例 ／ （美）本·马肖特
(Ben Musholt) 著 ；赵小钊译. —— 北京 ：人民邮电出
版社，2020.8
 （悦动空间. 健身训练）
 ISBN 978-7-115-53717-1

Ⅰ．①肌… Ⅱ．①本… ②赵… Ⅲ．①肌肉—力量训
练—图解 Ⅳ．①G808.14-64

中国版本图书馆CIP数据核字(2020)第049459号

版 权 声 明

MAD SKILLS EXERCISE ENCYCLOPEDIA(Second Edition)

Copyright © 2017 Ben Musholt

Published in 2017 by BPM Rx, Inc.Represented by Dragon Door Publications.

Simplified Chinese rights arranged through CA-LINK International LLC.

 ◆ 著　　　　[美]本·马肖特（Ben Musholt）
　　译　　　　赵小钊
　　责任编辑　王朝辉
　　责任印制　陈　犇
 ◆ 人民邮电出版社出版发行　　北京市丰台区成寿寺路 11 号
　　邮编　100164　　电子邮件　315@ptpress.com.cn
　　网址　https://www.ptpress.com.cn
　　北京虎彩文化传播有限公司印刷
 ◆ 开本：700 × 1000　1/16
　　印张：22　　　　　　　2020 年 8 月第 1 版
　　字数：364 千字　　　　2025 年 3 月北京第 4 次印刷
　　　　著作权合同登记号　图字：01-2019-7053 号

定价：79.00 元
读者服务热线：**(010)81055410** 印装质量热线：**(010)81055316**
反盗版热线：**(010)81055315**

内容提要

本书是一本为健身爱好者量身打造的肌肉训练百科全书。全书共分 14 章，从热身动作讲起，涵盖了下肢力量训练、上肢力量训练、杠铃训练、壶铃训练、复合训练、俯卧撑训练、自重训练、躯干训练、健身球训练、双人合作训练、柔韧性训练与拉伸等各种技术动作，最后还给出了综合运用各动作制订特种训练计划的方法。全书包含了身体各个部位和整体的 1000 多个训练动作及其技术要领。

本书适合广大的健身爱好者阅读，尤其适合初级爱好者学习使用。

免责声明

对任何由本书中所包含信息直接或间接造成的负面影响，出版者、作者和译者均不承担任何形式的责任。在技术动作不标准、无适当的安全措施、欠缺谨慎态度及身体条件不允许的情况下，本书中所涵盖的训练可能对你及你的训练同伴来说是有风险的。在开始任何训练前，请咨询医生及你的健身教练。

你的健康和安全永远是最重要的。

目 录

前　言

这不是一本帮你为了参加婚礼而减肥，或是为了假期时能在海滩秀身材而减肥的书。书中没有任何关于减肥的建议，也没有怎样练出6块腹肌的奥秘，也不会告诉你怎么在马拉松比赛中跑得更快。当然，书中也不包括饮食的建议。

这本书和以上种种都不沾边儿。

关于上述题材的书已经足够多了，我也不是那些领域的专家。

但是，不要绝望。你手里拿的，是针对健身的革命性的训练大百科。在这本书里，有1000多个增强力量与灵活性的自重训练和自选重量训练动作。

不论你是滑雪、混合格斗的爱好者，还是喜欢参加探险或任何其他运动，它都是你书架上必不可少的工具书。它的目标是帮助你开阔视野，见识上千种加强力量和提高能力的不同训练动作。此外，如此多的训练动作，也一定不会让你在训练时感到枯燥。

更重要的是：你训练时所涉及的动作技巧多了，你就能成为素质更为全面的运动员。

上述就是本书的写作初衷。

从杠铃训练、壶铃训练、复合训练等基础的训练开始，本书将拓宽你的力量训练动作。而使用书中独特的瑜伽与拉伸姿势，你还能思考出提高身体柔韧性和耐受力的方法。

你不需要将这本书从头读到尾，而应该挑选一些内容阅读并做标记，在不同章节之间反复翻阅，寻找合适的新训练动作加入日常训练中。如果你是职业教练或体能培训师，当你想使用新的训练方法时，请将本书放在随手可及的位置。

一里宽，一寸深

介绍 1000 多个训练动作，一个不足之外就是不可能详细介绍每个动作的细节。我会尽力说明动作的基本顺序，在阅读时，你可将每条指导看作是如何完成动作的基本介绍，这样你就会找到若干重点。

想想你是怎么看菜谱学做新菜式的。菜谱的作者会说明做菜所需的原材料，以及葱花、姜末等，然后告诉你怎么按步骤将它们加工组合成成品菜。菜谱的作者不会花大量时间去告诉你怎么去炒葱剁蒜之类的细节。这些是需要你自己去学习掌握的。方法对，做出的菜就如同菜谱照片所示的；搞错了，你就需要回顾反思那些被忽视的细节，也会有收获和进步。

用同样的思路对待这本书，尽量按照图文去做。如果你觉得某个动作不管用，那就找一个运动训练专家，去做一对一的评估。

这是一本让你的训练保持惊喜的工具书，而不是一本无微不至的动作指导手册。

为什么找不到推荐的重量、次数、组合等

本书的最后一章会指导你如何将所有动作串联成不同的训练方法，但是，本书不提供关于增加训练量、准备比赛或是增强运动能力组合的具体方法。你也找不到该用多大的重量进行训练、该做多少次，或是该完成多少组之类的建议。这些必须根据个人需求、既定目标和自身水平进行个性化设计。

这里的目标，是介绍很多独特的练习动作。如果你想找提高某项运动成绩的建议，最好的办法是去找个该项目的教练，根据你的目标，可以确定应该增加还是减少训练量，帮助你达到想要的结果。

这里介绍的上千个训练动作，目的是提高你的基本体能水平。当你轮换执行多种且复杂多变的技巧时，你的神经系统会更敏捷，关节会更强壮，也会形成对

这些训练动作的肌肉记忆。

体能而不是康复

我的职业是体能治疗师，我擅长的是通过指定动作练习帮助他人预防与恢复损伤，但这不是本书的目的。帮助患者康复的动作千差万别，使用的技术也超过了本书探讨的范围。因此，你在这本书中找不到如何使用阻力带来激活某个部位的肌肉的方法。我喜欢这些技术方法，但我并没有将它们写入本书。

动作变化与伤病防治

多样化的训练动作，不仅好玩，而且能帮助你预防损伤。如果你每天都进行同样的练习，就容易产生肌体劳损。而通过改变训练姿势、改变抓握部位等训练要素，就能够在一定程度上预防损伤。

由此出发

你会发现，下面各章节中的大部分训练，都很容易在家中或车库中借助简易器械完成。这就是本书中训练动作的设计意图，我坚信不用花很多钱就可以获得健康。在这些年里，我用于重量训练的器材在不断增加，但并没有出现大项开支。

如果采购大批器械让你为难，别担心，只用一种器械也可以完成多种练习。此外，还可以与伙伴们分摊成本。如果大家都带着不同的器械前来训练，那么一间车库就会变成拥有大量资源的社区健身中心。

下面是在本书中你将见到和用到的器械。

- 哑铃
- 药球
- 杠铃 + 杠铃片

- 瑜伽垫
- 壶铃
- 训练凳（凳子）

- 印第安棒
- 沙袋
- 钢棍
- 健身球（瑞士球）

- 健身房绳圈
- 跳箱
- 平衡棒

近几年一直根据力量和适应性趋势进行锻炼的人会惊讶地发现，这份单子上并没有轮胎（用来翻滚）或是战绳（用来抖动）。忽略它们是有意为之的。本书中选取的所有训练动作，都是可以让那些没有充分运动条件的人，即使不去宽敞的器械众多的健身房，也能够完成的动作。

如果你没有购买预算或存放空间，你可以将书中的器材换成随手可得的类似物件。人们经常用凳子来替代健身球或是跳箱，同理，哑铃可被壶铃取代。你也可以只使用凳子、仰卧起坐支架和附近公园里的简易健身设施。

扩大词汇量

你知道用一个词就能精确表达一个概念时的感觉吗？

选对了词语，你就能更简洁地表达想法。因此，有丰富的词汇量很重要。你的词汇量越大，就越容易表达。

训练动作、健康和体能之间，也是同样的关系。你的训练花样越多，你就越容易让身体得到必要的锻炼。身体也许急需某种练习，你也许能感到某个部位力量或柔韧性的不足，而此时，你对众多训练动作越是熟悉，选择正确动作进行训练的效率就越高。

三大基本规则

在你使用本书中的动作进行训练前，我们先了解下三大基本规则，它们是良好动作训练的指导。遵守这些规则，你就能一辈子安全地运动；如有违背，就可能影响训练，甚至受伤。

• 拒绝关节疼痛

第一条规则就是在锻炼时不应出现关节疼痛。如果出现了，这就是你的身体在告诉你：先等等，这样不行。疼痛是某种组织损伤的信号，因此，如果你在做动作时发生疼痛，就得停下来调整。也许你需要改变姿势或方向，也许你需要采用不同的动作方式。

尊重你的身体，成为自身肌肉骨骼系统的专家。请时刻注意，经常调整，这样才不会损伤你的关节。

• 不要松懈

第二条规则，我希望你像练习跳舞时一样要求自己。在做某个训练动作时，尝试让身体保持正确的姿势。肢体的线条和关节角度看起来怎么样？如果给自己录像，你会看到什么？动作是否流畅到位？能否保持动作的美观和顺利衔接？有没有松懈的迹象？

也许这是蠢话，但是要尝试让每个动作看起来都很漂亮。

想象一下在上芭蕾课时的情景，你觉得教练会提醒、强调哪些事？

教练会让你注意自己的姿势，鼓励你保持平衡，让你收腹。你会学到如何排列关节来获得最好的支撑，也会被激励着要时刻注意自己的动作。

这些提醒造就了优秀的舞者，更广义地说，这是做出安全和有效动作的前提。当你开始尝试本书中的训练动作时，想象成有一个小教练坐在你的肩膀上，他正在鼓励你，让你保持姿势、注意形体，最重要的是，不要松懈！

• 先易后难

最后一条规则不言而喻：你需要先熟悉基本动作，再去尝试更复杂的。例如，增强腿部力量，你要先学会双腿深蹲，再尝试单腿深蹲。弓箭步，你应先能控制身体一侧的基本动作，再添加额外动作。先完成线性动作，再去旋转。先举起轻的东西，再尝试重的。先慢后快。

如果你在做某个动作时身体会发抖，就应该尝试能够轻松控制的简单版本。你能否找到复杂技巧的降级版？降级版是帮助你在完成更难的动作之前提高力量和柔韧性的前奏。

保持信心。当你觉得某个技巧对你来说有些尴尬时，那么可能真的是这样。退一步，去尝试更简单的动作，这并不丢人。如果改动作时受伤，那么改动作本身就是愚蠢的。本书的目的就是帮助你成为更强壮和更强大的运动员，我希望你能在探索新动作的过程中享受乐趣——只要能聪明行事就行。

启动

总之，本书的目的就是为你提供丰富的关于力量与协调性的训练建议。希望在你需要一些新训练动作时受到启发，它能成为你的伙伴。现在翻开书，尝试这些训练动作，探索多样化的训练如何让你成为更全面的运动员。不论你是后滚翻玩耍、滑雪、还是在社区踢足球，我希望书中的训练都能帮到你。

为脑而练

尝试下面各章中的动作时，一个重要的好处就是让你的大脑皮层与小脑产生新的连接。用这些复杂的动作为脑提供"营养"，这能防止与年龄和缺少运动相关的大脑退变。要想有健康的脑，就要有适当的刺激作为"粮食"，因此，请好好喂养你的脑！

第1章 热身

穿上训练服，戴上头带，是时候该采取行动了。在进行任何体育活动前，做一系列热身动作，让关节和肌肉做好应对负荷的准备，这很重要。热身运动需要多久，按多大强度去做，取决于你计划要做的运动项目。如果你要练习在雪坡上完成空中动作，最好是要在热身时激活神经系统，让肢体做好承受冲击的准备。如果你准备进行简单的越野跑，那你需要的热身也许就是在开始时的几分钟跑慢点儿。

为了强化力量或是为其他运动做准备而进行的热身活动，应当包含5~10分钟有韵律的自身体重运动。有韵律的运动很重要，你可以靠它来让体温升高。体温升高了，肌肉的运动效率就会提高。

用自身体重运动进行热身，可以防止在正式运动开始之前过度消耗体能。理想的完整热身运动，能够充分活动手臂、腿、躯干和脖颈，让这些部位为接下来的运动做好准备。

热身运动的目标，就是让身体在下一阶段的运动开始前就微微出汗。

本章中的72个热身动作，按照身体以站姿进行和在地上进行来分类。在这一章中，许多动作可以结合起来，形成新的自重训练体系。当然，目的是让你知道如何用简单的动作，来为更耗费体力和更有趣的训练做好准备。

没有一个热身技巧可以将每个关节活动到100%。为了更高效，你通常需要将一个上身热身动作和一个下身热身动作结合起来，有时甚至要将3~4个动作结合成一套热身运动。发挥你的创意吧！

向前摆腿

- 沿着前后方向摆动一条腿。
- 尽量扩大腿的活动范围，让活动角度越来越大。
- 如有需要，扶着墙壁或椅子保持平衡。
- 两侧都要做。

侧向摆腿

- 双手与胸部齐高，扶墙支撑。
- 在身体前方，将一条腿从一侧摆向另一侧。
- 逐渐扩大活动范围，让腿的内侧和外侧获得更好的动态拉伸效果。

髋部绕环

- 向身体外侧抬起一条腿，让它沿着顺时针或逆时针方向转动。
- 让腿在小范围和大范围内活动。
- 扶着椅子或墙壁保持平衡。

髋部旋转

- 单腿站立，将另一侧膝盖向前抬起。
- 保持屈膝并抬高大腿，从前方先向身体外侧、再向身后旋转腿。
- 换另一条腿重复动作。

脚踝绕圈

- 单腿站立，向前抬起一只脚。
- 沿着顺时针或逆时针方向旋转脚尖并放松脚踝。
- 换另一只脚重复动作。

骨盆旋转

- 双脚与肩同宽站立。
- 大幅度旋转躯干和骨盆。
- 一定要向两个方向旋转，活动范围要尽量大。

13

躯干旋转

- 双脚略比肩宽站立。
- 双臂举过头顶。
- 大幅度旋转躯干，后仰，前倾，并触摸地面。
- 保持腹肌收紧，以保护后背。

侧向转体

- 双脚与肩同宽站立，双臂展开上举至齐胸高。
- 向一侧旋转躯干，对侧手划过身体前方，增加转体范围。
- 向另一侧转体，来回重复动作，激活躯干肌肉。

弯腰转体

- 双脚两倍于肩宽站立，向前弯腰。
- 一只手触摸地面，向一侧旋转躯干，同时向着正上方抬起另一只手。
- 向另一侧旋转，双手交换位置。
- 来回重复动作，激活躯干肌肉。

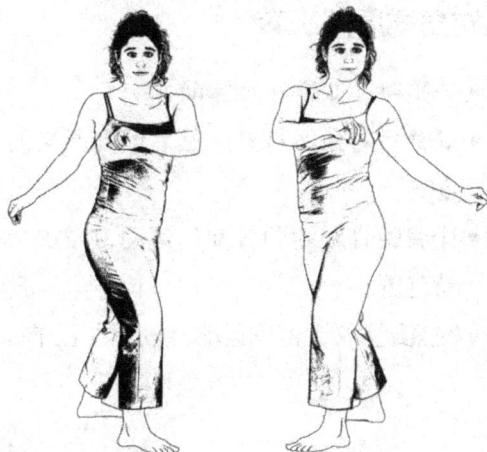

旋转跳跃

- 在跳跃的同时，从一侧向另一侧旋转下半身。
- 摆臂的方向与下半身旋转的方向相反。

颈部旋转

- 直立，想象有一根弹簧向上牵引着你的头，舒展脊椎。
- 颈部挺直，向一侧点头，然后向后方仰头，再向另一侧点头。
- 让头持续如此旋转几次，在改变方向前预热颈部肌肉。

手臂旋转

- 双臂以大圆圈旋转。
- 转圈的活动范围越大越好。
- 向某个方向旋转几次后，更换方向，如此重复。
- 变形：只旋转一侧手臂，带动更多躯干部位的旋转。

对角线肩部旋转

- 开始时，双臂在身体前方交叉。
- 双臂呈对角线打开，然后回到原来的姿势。
- 让肩胛骨跟随肋骨前后运动，增加活动范围。
- 按照最大活动范围运动，然后更换方向。

德国摆臂

- 一侧手臂先向外再向后挥舞，直到肘关节向上指向天空，手摸到后背的上部。
- 同时，另一侧手臂向身体前方挥舞，达到抬起手臂的腋下位置。
- 放松手臂，变为相反方向的运动。
- 重复动作，预热双肩。

手腕绕环

- 双臂的前臂互相紧贴，双手扣紧。
- 以大圆圈旋转腕关节，保持双肘关节始终并排。
- 重复几次之后，变为相反方向，放松手腕。

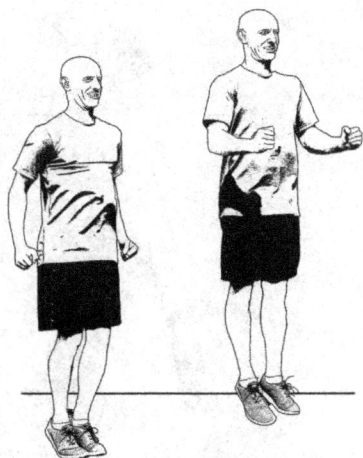

脚踝跳

- 站立，双脚几乎并拢。
- 用脚踝的力量上下跳跃，膝盖保持动作最小。
- 继续跳跃，预热跟腱。请注意，你不必跳起十几厘米高。

开合跳

- 站立，双手贴近身体，双脚并拢。
- 展开双手双脚，向上跳起。
- 在双脚落地时，双手相合。
- 跳跃回到初始姿势。
- 重复若干次。

侧向交叉跳

- 开始时，一条腿在另一条腿的前方站立。
- 向上跳起，空中发力交换双腿位置，以小幅度的弓箭步落地。
- 双臂随着双腿的动作做出相应动作。
- 双臂与双腿的移动方向相反。

突击队跳

- 双臂向前齐胸高举起，双脚并拢
  站立，双手手掌相合。
- 双臂双腿分开，向上跳起。
- 跳跃回到开始姿势，同时击掌和
  并拢双脚。

举手下蹲跳

- 与一般的开合跳类似，但是下落姿
  势更低。
- 双腿分开下蹲，双脚脚趾略微指向
  外侧。

下蹲踢腿

- 以半深蹲姿势开始。
- 双脚与髋部同宽或是更宽。
- 站起时，抬起一条腿接触对侧手。
- 重复时换另一条腿去碰触对侧手。

脚趾踏板

- 用药球、一组重物、哑铃或是一级台阶作为目标。
- 上下小幅度跳跃，双脚交替接触目标。
- 多花些力气，将双手放在脑后。

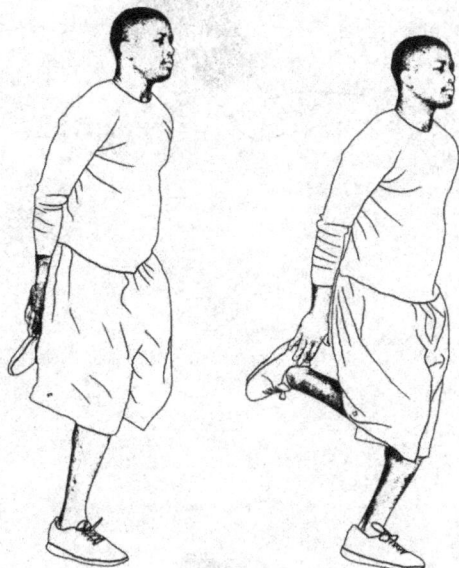

后踢

- 原地跑步，每一步都要用脚踢臀部。
- 双手放在身后，让脚跟可以接触指尖。

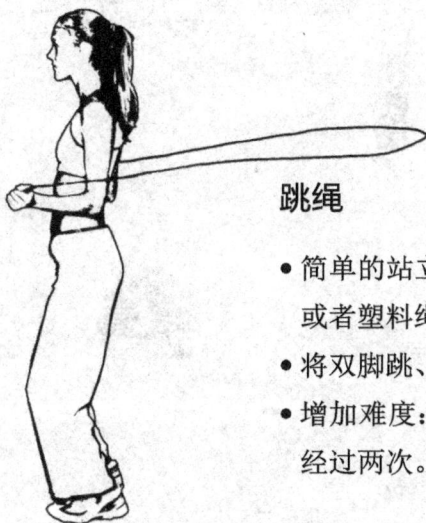

跳绳

- 简单的站立姿势：可以使用长度合适的皮绳、布绳或者塑料绳。
- 将双脚跳、单脚跳和交替跳结合起来。
- 增加难度：尝试"双摇"，每跳一次，绳子从脚下经过两次。

跑步

- 用简单慢跑提升心率。
- 慢慢开始，然后逐渐加快速度。
- 摆臂，让全身运动。

侧向移动

- 站立，双臂与双腿充分打开。
- 一条腿在另一条腿的前方交叉。
- 然后，后方腿向侧面迈出，开始侧向移动。
- 换另一条腿做同样动作。
- 这一动作又被称为"葡萄藤"。

单人拳击

- 移动身体并挥拳，模仿拳击手的姿势。
- 注意脚下动作，以画小半圈方式移动。
- 左右勾拳和下勾拳交替。
- 变形：增加脚踢、肘击和膝盖攻击的动作。

下蹲步行

- 屈膝，成下蹲姿势。
- 蜷曲身体，尽量静悄悄地步行。
- 保持先脚跟着地再脚趾着地的步行姿势，在需要时摆臂。

倒着跑

- 看向一侧肩部后方，开始倒着跑。
- 强调髋部用力扩展，用脚趾落地。
- 绕圈跑几次，然后看向另一侧的肩部后方，让左右两侧都得到锻炼。

高抬腿踏步

- 双手手指交叉扣紧，放在脑后。
- 前后跳跃，抬高膝盖。
- 膝盖至少要达到骨盆的高度。
- 可以在原地跑或向前跑时做这个练习。

空手道跳跃

- 抬起一条腿，做出空手道准备动作的姿势。
- 双手在脸部正前方握拳。
- 用支撑腿发力向前跳跃，每次都是单腿起跳。
- 增加难度：抬起的腿要做一次踢腿动作。

单腿跳跃

- 想想孩提时的娱乐方式，向前向上用力单腿跳跃。
- 在摆臂时抬高未用于起跳发力的那条腿。
- 增加每一步向前跳的距离和抬腿的高度。

弓箭步踢腿

- 中度弓箭步姿势，双手举起，做出保护动作。
- 后方腿发力，向前方踢。
- 髋部快速发力前移。
- 让向前踢的腿回到身体后侧。

弓箭步转体

- 双脚并拢站立，双臂在胸部正前方伸直，双手手掌相合。
- 向前迈出一大步，成弓箭步姿势。
- 躯干和手臂向着前方腿的一侧旋转。
- 回到起始位置。
- 身体对侧重复动作。
- 变形：在练习弓箭步转体时向前走动。

深弓箭步 + 转体

- 向前迈一步，保持深弓箭步姿势。
- 让后侧腿的同侧手臂向前伸直，放在前方脚的旁边。
- 另一侧手臂向上方抬起，躯干转向一侧。
- 躯干回到正常位置，手从地上抬起，后侧腿向前迈一步。
- 继续做深弓箭步动作，向另一侧转体。

侧向弓箭步

- 双脚展开至少两倍于肩宽。
- 一条腿屈膝，成侧向弓箭步姿势。
- 回到中正位置，向相反方向重复动作。
- 注意膝盖的位置，腿不能向内侧倾斜。

滑冰跳跃

- 从一侧向另一侧跳跃，模仿滑冰的动作。
- 以微蹲的姿势落地，落地脚对侧的手臂在身前摆动。
- 收紧躯干，不要有太多胸部垂直方向的运动。
- 保持低姿势，注意膝盖的位置。

足球动作

- 以弓箭步姿势开始，后侧腿的同侧手臂位于身体前方。
- 向一侧迈步，双腿尽量打开。
- 收回迈向前方的腿，放在身体后方，交换双臂位置。
- 你的落脚点应该能组成一个等边三角形。

单腿摸脚趾

- 单腿站立保持平衡，向下弯腰。
- 伸出支撑腿对侧的手去触摸支撑腿的脚趾。
- 其他肢体保持伸展，胸部向支撑腿一侧旋转。
- 站起，交换支撑腿再练习。

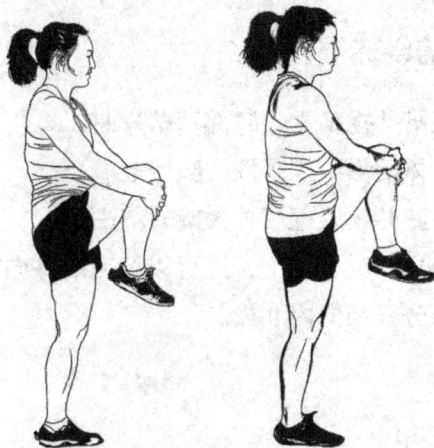

膝盖提升

- 原地行走，膝盖抬起至胸口高度，并用双手抱膝盖。
- 每个动作保持数秒，拉伸膝盖与髋部。

髋部摇篮

- 单腿站立，用一只手抓住另一条腿的膝盖，另一只手抓住脚，放在身体前方。
- 让抬起的腿尽量达到水平位置，在身体柔韧性允许的范围内，让膝盖和脚尽量靠近胸口。
- 放下腿，两侧交换重复动作。
- 变形：边向前走边重复动作。

行走触摸脚趾

- 向前走，高踢腿，用脚接触手。
- 背部不要弯曲。
- 踢腿时保持膝盖伸直，拉伸腘绳肌。

膝盖绕环

- 双脚并拢站立，膝部稍稍弯曲。
- 身体前倾，双手按在膝盖上。
- 双膝并拢，逐渐扩大旋转范围。
- 变形：除了转圈，还可以练习双膝向外分开和向内并拢。

屈膝

- 双脚并拢站立，膝部稍稍弯曲。
- 屈膝，臀部降低到脚后跟的位置。
- 脚后跟离开地面，双腿分开，继续增加下蹲深度。
- 站起来，然后再次蹲下，试着每次增加下蹲深度。
- 变形：尝试双膝并拢。

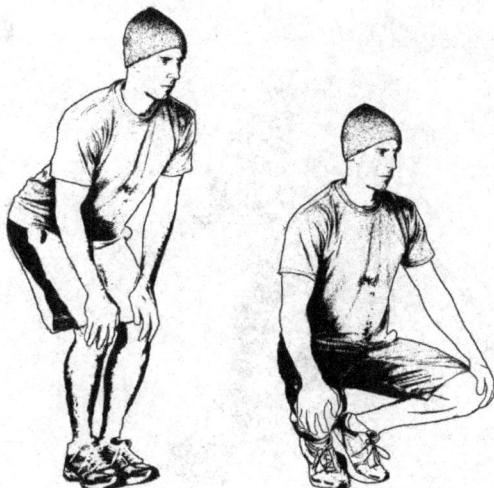

向后弯腰向前触地

- 站立，双脚与髋同宽。
- 收紧腹肌，保护后背。
- 双臂举过头顶，躯干后仰。
- 躯干前倾，双手置于双腿之间。
- 变形：快速触摸地面上不同地点若干次。

鸭子走

- 蹲下，双手抱头。
- 一条腿向前跨步，同时保持臀部低位。
- 在向前迈步行走时，膝盖应尽量放低。
- 从高到低，逐渐降低身体姿势，逐步习惯这一动作并建立自信。

蹲姿侧向行走

- 下蹲到深蹲姿势。
- 一条腿在另一条腿前方，向一侧移动。
- 在侧向行走时，臀部保持下蹲姿势。
- 注意保持膝盖的正确位置，避免受伤。
- 注意与鸭子走一样，这是耗费体力的运动。从高姿势开始，在对动作感到舒适和有信心时才能增加下蹲幅度。

深蹲站起

- 从深蹲姿势开始，手指抓住脚趾。
- 弯曲脊椎，下颌向胸口收紧。
- 向空中抬起臀部，拉长腘绳肌。

蛙跳

- 深蹲姿势，用前足部位支撑身体。
- 向前方小幅度跳跃，尽量轻柔落地。
- 保持臀部 / 大腿的角度小于 90 度。
- 变形：沿着对角线方向斜向跳跃。

从膝到脸

• 从三点平板支撑开始，将一条腿向身体后方抬起。

• 弯曲背部，让抬起的那条腿蜷曲向前运动，让膝盖去接触脸。

• 手臂用力支撑，身体向后拉伸，回到起始位置。

仰卧蝎式

• 仰卧，双臂展开位于身体两侧。

• 抬起一条腿与身体呈垂直的姿势，保持膝盖伸直。

• 在身体的另一侧放下腿，让脚接近对侧的手。

• 保持一会儿，然后抬起这条腿，回到垂直位置，然后放低回到地面的起始位置。

• 交换双腿练习，作为髋部与脊椎的热身动作。

俯卧蝎式

• 俯卧，双手平展位于身体两侧。

• 抬起一条腿，将脚向上举起，并"寻找"背部。

• 抬起的腿跨越到身体对侧，脚尖接触地面。

• 保持转体姿势片刻并放松。

• 换另一条腿抬起，重复该练习。

爬行前进

- 身体前屈，双手支撑身体，这是起始姿势。
- 双手向外移动，让骨盆处于水平位置。
- 以平板动作完成，收紧躯干与髋部。
- 双脚向双手移动，如此往复，向前移动。

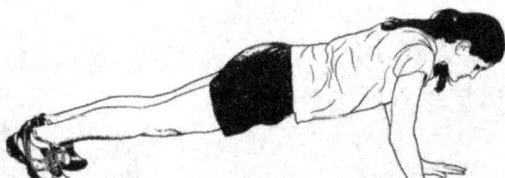

前臂爬行

- 平板支撑姿势，用前臂支撑身体。
- 向前爬行，尽量保持躯干和髋部的低姿势。
- 设想你在一条窄管子里爬行。

鳄鱼爬行

- 与前臂爬行类似，使用手掌支撑身体。
- 尽量降低腹部和骨盆的高度，每次只向前移动一只手臂和对侧腿。
- 设想你在一片铁丝网下爬行，就像部队里的新兵训练那样。

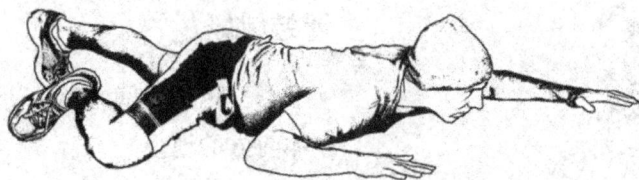

腹部爬行

- 腹部紧贴地面，四肢分开，准备行动。
- 让对侧的手和脚在地面上向前移动。
- 继续爬行，保持骨盆接触地面。
- 将它想象成帮助你通过狭小空间的"突击队爬行"。

四肢爬行

- 趴在地下，身体成经典的四肢支撑姿势。
- 保持背部水平，慢慢向前爬行。
- 让对侧的手臂和腿协调行动。
- 在粗糙的水泥地上训练时,不要碰伤手掌和膝盖。

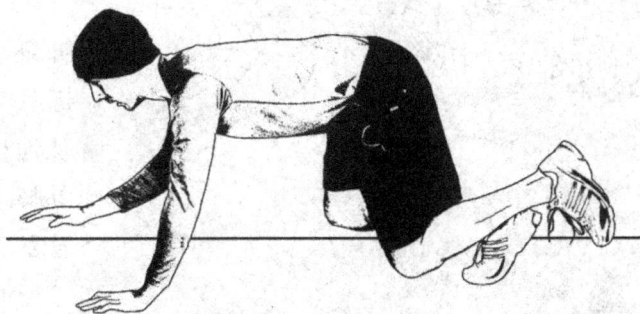

熊式步行

- 用四肢支撑身体，抬起臀部。
- 向前移动手臂和腿，尽量保持膝盖伸直。
- 慢慢移动一条腿和同侧手臂，动作幅度要大一些。

31

青蛙跳跃

- 下蹲，两腿之间距离尽量大，双手放在身体前方的地上。
- 用手臂承担体重，腿向前跳，双脚保持在双手外侧。
- 用核心肌群收紧躯干，使动作尽量安静。
- 重复动作，像青蛙一样在地板上慢慢跳跃。

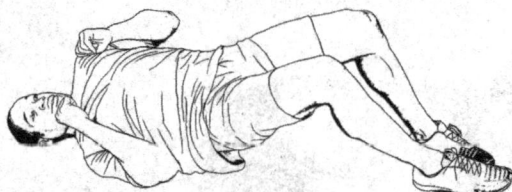

摔跤手

- 仰卧，双膝屈曲，双脚触地，抬起双手，置于腹部上方。
- 从地板上抬起一侧肩膀，用对侧的脚向后推动身体十几厘米。
- 重复动作，如同躲避袭击者。

袋鼠步行

- 蹲下，放低姿态，骨盆保持一定的角度，一只脚放在另一只脚前方。
- 向前伸出双手触地。
- 用双手承担体重，双腿向前跳跃，保持髋部的角度。
- 增加难度：加快速度，在地面上快速移动。

双腿拖行

- 以瑜伽姿势上犬式开始。
- 只使用上半身的力量，拖动身体向前移动。
- 你应该能够感受到身后双腿的重量。
- 双脚下方垫一块毛巾，防止损伤鞋子。

反身双腿拖行

- 倚靠在地板上，胸部向上，双腿在身体前方伸直。
- 双手放在身后，支撑臀部离开地面。
- 移动双手，向后拖动身体，用脚跟保持平衡。

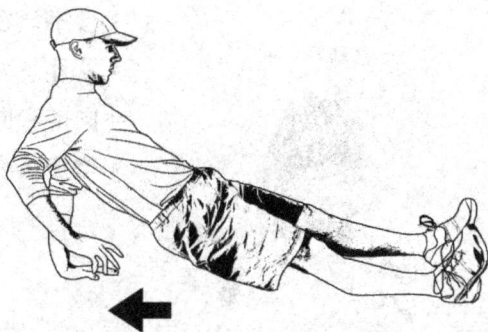

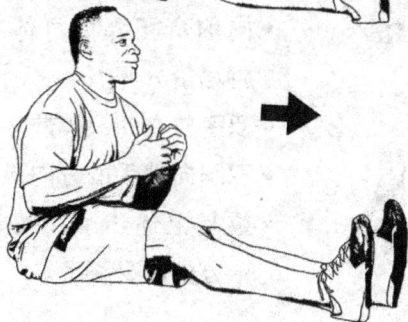

臀部行走

- 坐在地上，双腿在身体前方伸直。
- 抬起一侧髋部，带动同侧的腿向前移动几厘米。
- 另一侧髋部和腿重复这一动作，让身体在地板上移动。
- 保持躯干正直，用摆臂来辅助动作。

凳子侧向跳

- 双手放在凳子上，或是放在地面上一条线的两侧。
- 从凳子 / 线的一侧跳到另一侧。
- 向前和向后重复动作，收紧躯干，保持双脚并拢。
- 增加难度：单腿练习。

侧向爬行跳跃

- 向前弯腰降低身体，双脚尽量分开。
- 双手放在一只脚前。
- 双腿向着手的方向跳跃。
- 重复上述步骤，向着一个方向侧身移动。

蟹式行走

- 用四肢支撑身体，胸部和腹部向上。
- 保持臀部不接触地面，用手和腿支撑身体，像螃蟹一样移动。
- 变形：像后方或一侧移动，活动不同的肌肉群。

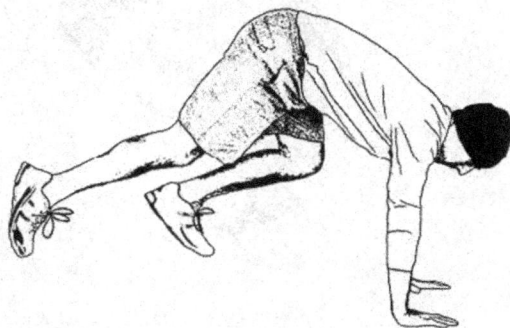

登山跳

- 趴下，用四肢支撑身体；一条腿向前跨到双手的附近。
- 腿部快速发力，交换双腿位置。
- 每次都要让前腿落脚点的位置尽量靠前。
- 身体所处的位置保持不变，不要向前移动。

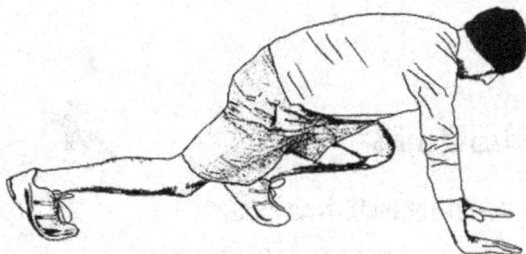

药球登山跳

- 与登山跳的基本动作类似。
- 双手放在药球上，而不是放在地上。
- 注意保持平衡，让核心肌群发力。

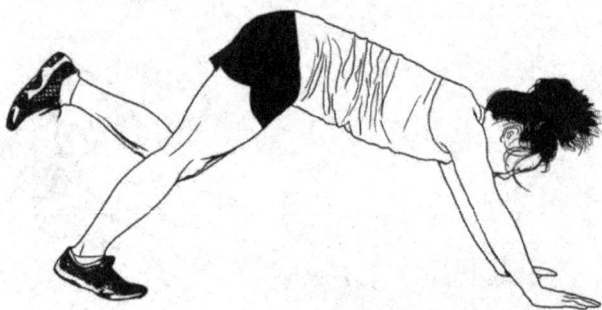

单腿登山跳

- 与登山跳的基本动作类似。
- 只用一条腿向前向后跳，而不
  是两条腿。

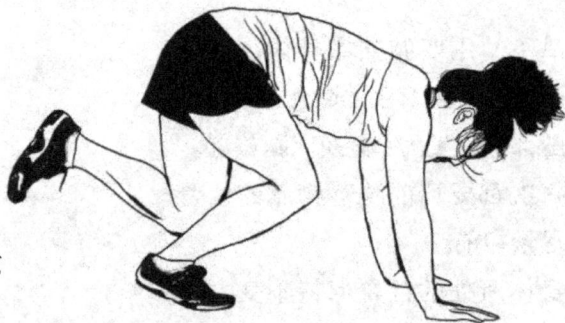

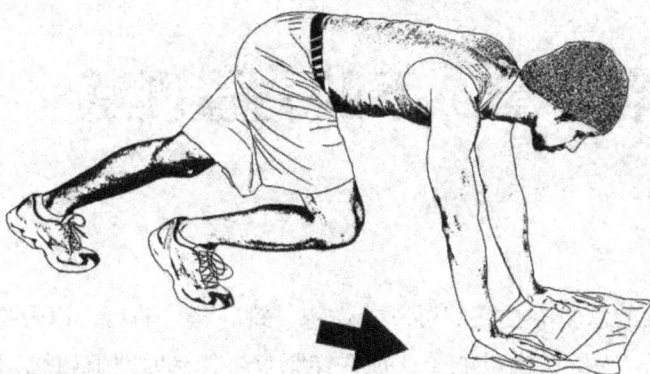

推毛巾

- 高位平板支撑姿势，双手放在毛巾上。
- 收紧手臂与肩部的肌肉。
- 双腿发力，推动身体在地面上前进。
- 变形：用健腹轮或杠铃之类的重物代替毛巾。

驴式踢腿

- 蹲在地上，让双手和双脚均匀分担体重。
- 用双手承担体重，下半身快速发力向上踢腿。
- 用类似驴的动作，双腿向后踢。
- 在回到起始位置时，膝盖要位于身体下方。

第2章 下肢力量训练

谁不想要强壮的双腿呢？它们可以让你跑、跳、爬、骑行，以及进行你能想到的许多其他运动。大腿肌肉可能会让你在穿紧身牛仔裤时略显尴尬，除此之外，你没有任何理由不去加强腿部力量。有力的双腿是任何运动者的体力基础，你所进行的训练，也应当以此为重要目标。

你需要强壮的双腿！

当你以增强腿部力量为目标时，你很自然地需要完成几个基本的训练动作。本章的训练动作包括以下元素。

- 深蹲：双脚在地面稳稳地站好，向地面的方向降低髋部／骨盆的高度。

- 弓箭步：身体呈立正姿势站好，然后迈出一步，用迈出的脚承担体重。

- 硬拉：向前弯腰，从地上提起重物。

- 踏步：将一只脚放在高处，然后蹬上去让身体到达高处。

- 提踵：从脚的跖球部发力，使脚后跟抬起离开地面。

- 跳跃：让身体腾空的爆发性动作。

你在掌握了这些基本训练动作中的技巧后，就会注意到，特定的肌肉群会承担特定动作的发力任务。这些作为训练对象的肌肉群，对你运动表现的影响会是最大的。下面介绍相关的肌肉群。

- 臀肌：尾椎末端的大肌肉，被戏称为"躯干的多余部分"。它们的主要功能是让髋部展开，协助做下蹲、硬拉、跳跃和踏步动作。

- 股四头肌：大腿部位的大肌肉，想想职业自行车运动员或是高山滑雪运动员的大腿肌肉，股四头肌的作用是在上述运动中让膝盖伸直。

- 腘绳肌：位于大腿及膝盖后方，是经常会被遗忘的一组肌肉。它们的作用是使膝盖弯曲，协助伸展髋部。在做桥式动作、旋转动作、硬拉和踏步时，你可以感觉到它们。

- 腓肠肌和比目鱼肌：小腿后方突出的肌肉，它们是你抬起脚后跟和完成许多爆发性训练动作时的主要发力部位。

学过解剖学的读者很快会从这一清单中发现一些不足：髋屈肌、髋内收肌和髋外展肌去哪儿了？负责脚踝背屈的肌肉、足外翻肌、趾屈肌去哪儿了？

这里没有提到它们，不是说这些肌肉群不重要，它们也很重要，你一问理疗师便知。

不提它们的原因很简单，只有你将主要精力放在训练这里列出的那些肌肉上，你的运动表现才能达到最佳。时间很宝贵，与其关注全身的 600 多块肌肉，还不如多在作为主要力量来源的大肌肉群上花些心思，这样，你才能更充分地利用训练时间。

一个忠告是，如果你经常受伤、疼痛或是身体的稳定性很差，请教练是个好主意。在训练中，有助于改善小肌肉群薄弱点的锻炼也很重要，但是这属于预防损伤的内容，本书没有提到。

说得不少了，该去做深蹲了。

箱子深蹲

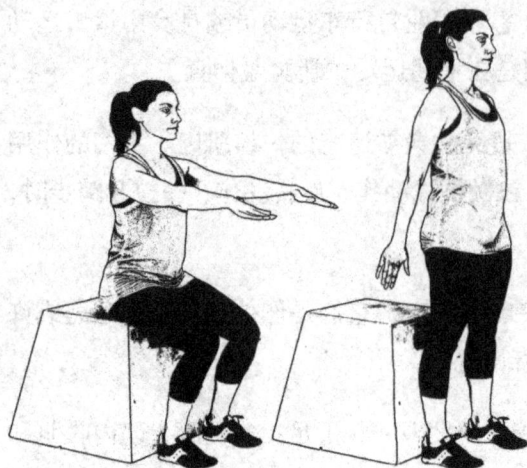

- 站在箱子前方几厘米处。
- 下蹲，直到恰好坐在箱子上沿。
- 将身体重心前移，站起来。
- 在整个动作过程中，脚不离地，
  快速站起，缓慢蹲下。

抗衡深蹲

- 双臂水平向前举起，双手持握一个
  重物。
- 双臂保持原姿势，下蹲至标准深蹲
  位置。
- 保持躯干挺直，站起来。

徒手深蹲

- 站立，双脚与髋同宽或是略宽一些。
- 双脚稍稍向外旋转。
- 臀部向后移动，双臂水平向前伸展来
  保持平衡。
- 膝盖不要向内移动。

辅助深蹲

- 站立，双脚与肩同宽。双手抓住一根垂直的杆子。
- 双手抓住杆子作为支撑，下蹲至深蹲姿势。
- 继续下蹲到离开支撑物无法达到的深度。
- 站起，如果需要，可以用双手抓住杆子作为辅助。
- 增加难度：用一条腿。

哑铃深蹲

- 与徒手深蹲的动作类似，双手各拿一个哑铃，保持在髋部的高度。
- 尝试让身体重量平均分布在脚趾到脚跟之间。
- 做动作的速度要快，保持腰部的正常屈度。

高脚杯深蹲

- 双手手掌相对，置于胸部高度，握住一个哑铃。
- 双膝分开，下蹲。

哑铃前置深蹲

- 手握哑铃举至肩上，保持肘关节抬起。
- 在下蹲时，保持核心肌群用力，避免水平方向的摇摆与旋转。

囚犯深蹲

- 基本的自重下蹲，双手抱在头后方，手指交叉。
- 这一姿势要求胸部更多地参与。
- 试着让肩胛骨沿着脊椎向下向后方运动。

手过头深蹲

- 站立，双脚与肩同宽，双臂举过头顶。
- 下蹲，双肩向内收缩、聚拢，保持双臂过头。

盘子深蹲

- 站立，双脚与肩同宽，双臂将一个哑铃片抱在胸前。
- 下蹲至深蹲姿势，然后尽量快速站起来。
- 背部要保持中正直立状态。

脚尖深蹲

- 下蹲成深蹲姿势，同时用脚趾支撑身体。
- 站起回到起始位置时，尝试用脚趾保持平衡。
- 增加难度：在多次站起和下蹲时用脚趾保持平衡。

相扑深蹲

- 双脚两倍于肩宽，脚尖向外。
- 下蹲至深蹲姿势，注意膝盖不要向内倾斜。

跨步深蹲

- 单脚在前，大约迈出一步距离。
- 下蹲至跨步深蹲姿势。
- 后方脚的脚跟离开地面。
- 保持骨盆处于水平位置。

保加利亚跨步深蹲

- 将一条腿向后放在凳子或椅子上。
- 另一条腿向前迈出十几厘米。
- 下蹲至深蹲姿势，注意前方腿的膝盖不要向内侧倾斜。

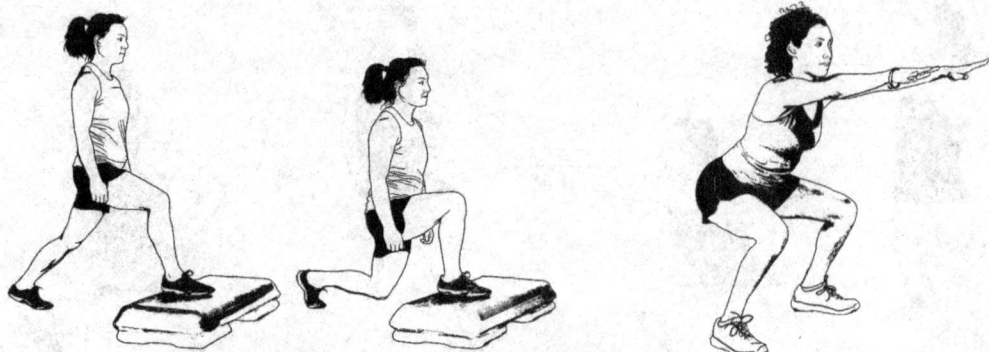

臂展深蹲

- 双脚与肩同宽。
- 下蹲至深蹲姿势。
- 保持腰椎正常弯曲，同时双臂尽量
  水平向前举起。
- 从脚跟到脚趾均匀分担体重。
- 坚持一会儿。

前方腿抬起跨步深蹲

- 将前方腿放在椅子或是跳箱上。
- 降低身体高度成跨步深蹲姿势。
- 回到起始站姿。
- 变形：手持药球或哑铃来增加额外的
  阻力。

马步

- 双脚分开两倍于肩宽，脚尖指向正前
  方，站立。
- 降低骨盆高度，双膝分开，直到大腿
  与地面平行。
- 挺胸，保持躯干中正。
- 随着力量与柔韧性的提高，双脚可以分
  开得更远，骨盆的高度可以继续下降。

马步深蹲

- 双脚分开两倍于肩宽，脚尖指向正
  前方，站立。
- 下蹲至深蹲姿势,直到大腿与地面平行。
- 站起，重复站起与蹲下的动作。在
  身体柔韧性允许的范围内尽量降低
  下蹲时的高度。

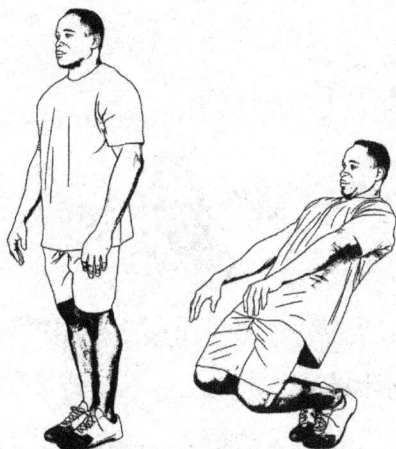

女士深蹲

- 双脚与双膝并拢站立。
- 抬起脚跟，向前屈膝，降低髋部高度，同时躯干后仰。
- 保持髋部和躯干在一条直线上，在身体柔韧性允许的范围内尽量降低身体高度。
- 保持髋部和躯干在一条直线上，站起。

脚趾手枪

- 单腿站立，将另一只脚的脚趾顶在站立脚的脚跟。
- 单腿深蹲，用另一条腿保持平衡，下蹲过程要缓慢进行。
- 在身体柔韧性允许的范围内尽量降低下蹲时的高度，然后站起，避免膝盖向内倾斜。

怪异手枪

- 单脚站立，另一条腿向前迈出但不落地。
- 在身体柔韧性允许的范围内，单腿深蹲。
- 在到达下蹲的极限后，双脚落地，用双腿支撑身体站起。

箱式手枪

- 站在箱子前方十几厘米处,抬起一条腿。
- 伸直抬起的那条腿,用另一条腿下蹲,直到可以坐在箱子上。
- 站起,始终保持抬起的那条腿伸直。

反平衡手枪

- 单腿站立,双手向前水平举起哑铃或杠铃片。
- 伸直抬起一条腿,在身体柔韧性允许的范围内完成单腿深蹲。
- 让手中的重量发挥平衡作用,依靠支撑腿发力站起。

手枪深蹲

- 单腿保持平衡,另一条腿向前迈出。
- 下蹲至单腿深蹲姿势,用抬起的腿作为反平衡。
- 对身体进行良好的控制,不要抖动。
- 变形: 手持杠铃或药球作为额外阻力。

抓握脚趾手枪

- 单腿站立,抬起另一条腿,用双手抓住抬起脚的脚趾。
- 找到平衡,伸直腿,下蹲至单腿深蹲。
- 不要抬起脚跟,也不要让抬起腿的膝盖弯曲,尽量降低下蹲高度。
- 站起,准备重复动作。

前倾单腿深蹲

- 用一条腿保持平衡，另一条腿向后抬起，稍稍离开地面。
- 下蹲至单腿深蹲姿势，注意不要让膝盖向内或向外倾斜。
- 保持平衡，看看身体能向前倾斜到何种程度。
- 站起。

交叉腿深蹲

- 单腿站立，将另一条腿放在支撑腿的大腿前方。
- 抬起脚放在支撑腿膝盖以上，在身体柔韧性允许的范围内单腿下蹲。
- 回到交叉腿站姿。

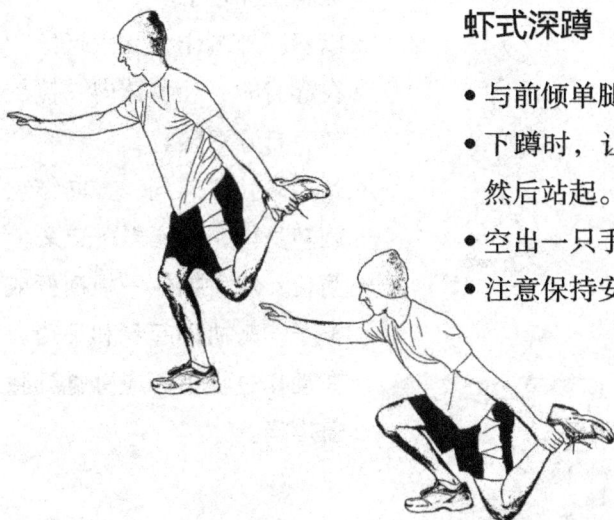

虾式深蹲

- 与前倾单腿深蹲类似，抓住后方脚的脚踝。
- 下蹲时，让后方脚的膝盖几乎碰到地面，然后站起。
- 空出一只手来保持平衡。
- 注意保持安全的膝盖姿势。

坐姿深蹲

- 坐在地上，双腿屈曲，双脚贴近臀部且全脚掌踩在地上。
- 双膝分开，将重心转移到脚上，尝试向上站起来。
- 向前方举起手臂来协助重量转移，起身动作要尽量流畅。
- 站起来以后，尝试坐下，但是动作不要太猛。
- 简化：在动作开始时，坐在瑜伽砖或低矮的物体上。

转体深蹲

- 盘腿坐在地上。
- 以双脚外侧作为支撑起身。
- 在起身时，让身体向一侧旋转，打开双腿。
- 站起来，再向同一方向继续旋转身体，双腿再次交叉。
- 简化：双手抓住一根横杆或棍子，来协助起身和下蹲。在动作过程中不应感觉到膝盖疼痛。

蝴蝶深蹲

- 站立，用双脚外侧支撑身体，鞋底相对。
- 双膝分开，下蹲至深蹲姿势。
- 如有可能，一直下蹲到地面，然后再站起来。
- 只能在身体柔韧性允许的范围内练习，保持感觉舒适。
- 简化：抓住一根棍子或其他牢固物件，协助下蹲和站起。

侧向迈步深蹲

- 常规站姿，双脚脚尖指向前方。
- 向侧面迈出一步，同时做深蹲动作。
- 如有需要，举起双手协助保持平衡。
- 站起时，下蹲腿向伸直腿移动，在地上侧向行走。

窄深蹲

- 双脚从脚趾到脚跟并拢站立。
- 在身体柔韧性允许的范围内，尽量向下蹲。
- 尝试保持膝盖并拢，脚跟不离开地面。
- 不改变双脚位置，站起。

深蹲跳起

- 双脚与肩同宽，身体稍稍前倾。
- 从半蹲开始，发力向上方跳起。
- 双脚轻柔落地，吸收地面冲击。
- 增加难度：在跳起到最高位置时双手抱住双膝。

楔形跳跃

- 双脚与肩同宽站立，向身体后方摆臂。
- 向上跳起，尽量跳得高些。
- 跳起时，向前弯腰和踢腿，尝试用手指触摸脚趾。
- 轻柔落地，准备尝试下一次。

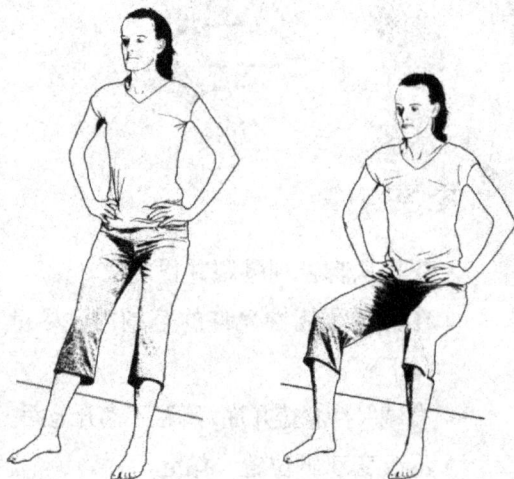

靠墙滑动

- 背靠墙，双脚在墙壁前方 45 厘米处。
- 向后蹲，用墙支撑身体。
- 向下成深蹲姿势，膝关节弯曲角度至少为 90 度。
- 向上起身，回到起始位置。重复动作。

靠墙坐下

- 与靠墙滑动类似，但是以深蹲姿势开始。
- 双膝成 90 度直角并保持一会儿。
- 不要让膝盖向内或向外倾斜。

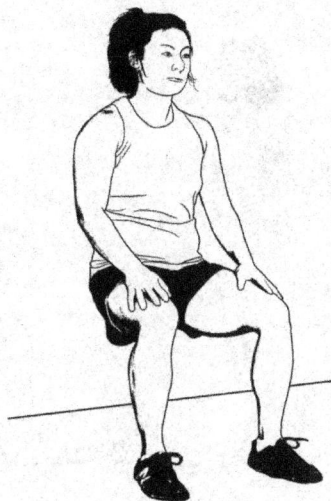

单腿靠墙坐下

- 与靠墙坐下的姿势类似，双膝成 90 度角。
- 抬起一条腿，膝部完全伸直。
- 背靠墙，单腿下蹲，保持平衡。
- 注意抬起腿高度与承重腿大腿高度在一个平面上。
- 保持一会儿。

哥萨克深蹲

- 双脚两倍于肩宽站立。
- 用一条腿承担体重，下蹲至深蹲姿势。
- 将另一条腿伸直，脚趾指向天花板，脚跟承重。
- 小心地将体重转移，将对侧腿改为深蹲。
- 变形：在转变深蹲姿势前，先完全站起来。

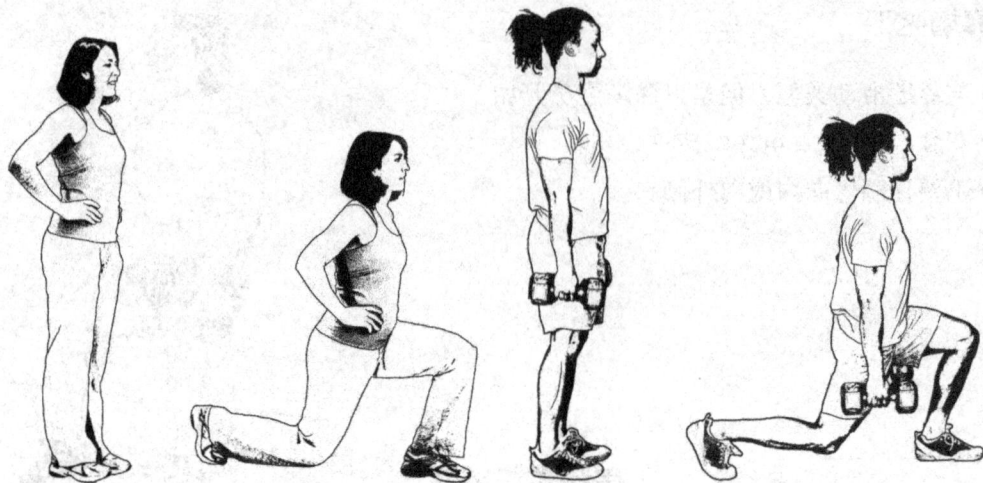

向前弓箭步

- 双手放在髋部，立正站立。

- 向前迈一步，让前方腿承担体重。

- 让前方腿的膝盖弯曲。

- 不要让膝盖向内倾斜。

- 前方腿发力，推动身体站起回到起始
  位置。

哑铃向前弓箭步

- 向前弓箭步，双手各拿一个哑铃作为
  阻力。

- 也可以时不时地一次拿一个哑铃。

- 变形：将哑铃举起至肩部。

囚犯弓箭步

- 与向前弓箭步相同，只是双手交叉放在
  头后方。

- 这个动作要求更多地活动上背部和肩带。

单侧哑铃弓箭步

- 举起一个哑铃，到达肩部高度。
- 举哑铃一侧的腿向前迈一步，呈弓箭步动作。
- 回到起始动作再重复。
- 注意收紧核心肌群，这样才能在身体一侧有额外重量时保持稳定。

侧向弓箭步

- 双脚与肩同宽站立，双手置于髋部。
- 一条腿向侧面迈出一大步，并承担体重。
- 膝盖弯曲，小心地下蹲。
- 不要让脚向外侧过多旋转，注意保持膝盖处于安全合适的位置。

阻力侧向弓箭步

- 与侧向弓箭步类似，双手持握一个药球或是哑铃作为阻力。
- 身体尽量下蹲，同时保持脊柱的正常形态，不要引发膝盖的不适。

行走弓箭步

- 在地上清出一条道，以方便向前行走。
- 双手按在髋部或是举到头部。
- 每一步都以深弓箭步方式向前走。
- 行走时，尝试用后方腿的膝盖接触地面。
- 避免多余的侧向动作。

桥式动作

- 仰卧在地上，屈膝，双脚与肩同宽置于地上。
- 收紧腹肌，以双脚为支撑向上抬起臀部。
- 尽力抬高髋部，同时主动分开双膝。

单腿桥式动作

- 起始动作与桥式动作类似，一只脚离开地面。
- 以在地面上的那只脚作为支撑，将髋部抬起离开地面。
- 收紧核心肌群，不要有旋转动作。
- 膝盖不要向内倾斜。

移动桥式动作

- 起始动作与桥式动作类似，髋部离开地面。
- 抬起一侧的膝盖和脚。
- 放下抬起的腿，抬起另一条腿，像这样上下"移动"双膝。
- 收紧腹肌以保护后背。

桥式动作 + 腿夹球

- 在桥式动作的最后一步，双膝分开，夹住一个药球。
- 用大腿紧紧向内侧挤压药球。然后用双脚支撑身体，练习桥式动作。

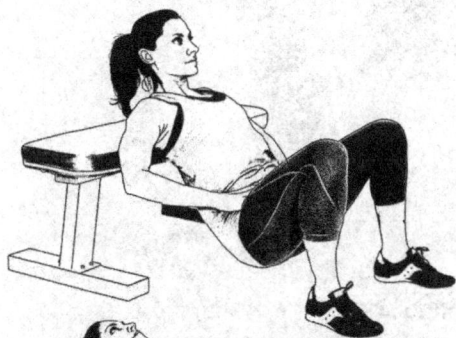

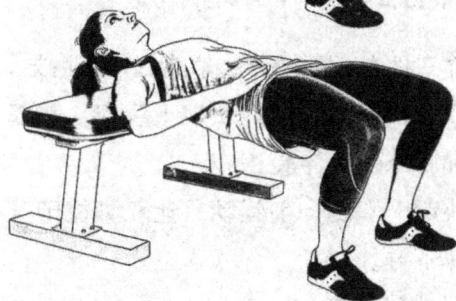

髋部上推

- 上背部倚靠在凳子或箱子上，半躺在地上。
- 双脚放置在臀部前方 20~30 厘米处，屈曲髋部和膝盖。
- 收紧身体中部的肌肉，以双腿为支撑，向上抬起骨盆。
- 腹部保持水平，颈部放松。
- 收紧全身及肌肉，保持一会儿，然后放低身体回到起始位置。
- 增加难度：抬起一只脚。

蝴蝶提髋

- 坐在地板上，上背部靠在凳子或箱子上。
- 双脚脚底相对，双膝分开成蝴蝶姿势。
- 双腿发力，向上抬起髋部，让臀部肌肉尽量发力。
- 回到地板，重复动作。

跪姿提髋

- 跪下，臀部坐在脚后跟上。
- 收紧股四头肌和臀肌，抬起臀部和整个躯干。
- 降低姿势回到起始位置。
- 增加难度：持握一个杠铃片作为阻力。

腿部自然伸展

- 跪下，上半身保持中正位置，膝部屈曲成 90 度，双脚指向身体正后方。
- 收紧身体中部的肌肉，上半身向后倾斜，让躯干尽量靠近地面。
- 髋部发力，保持骨盆在一条横向直线上。
- 达到身体柔韧性的极限后，股四头肌发力，让上半身回到垂直于地面的位置。

跪姿跳跃

- 跪在地上，双腿并拢，双脚指向正后方。
- 双臂向后摆，然后从地上跳起，髋部和膝部强力伸展。
- 跳起时双腿向前运动，让双脚位于身体下方。
- 以站姿结束。

自重腘绳肌屈曲

- 仰卧在地上,双脚踩在一条毛巾上。
- 抬起髋部,让臀部离开地面。
- 脚跟向臀部移动,屈曲膝盖。
- 平稳地降低膝部的高度,向前向
  后重复动作。

哑铃腘绳肌屈曲

- 趴在地上。
- 双脚用力夹住一个哑铃。
- 收紧腘绳肌,用双脚夹住哑铃朝
  身体移动。
- 放低哑铃。重复动作。

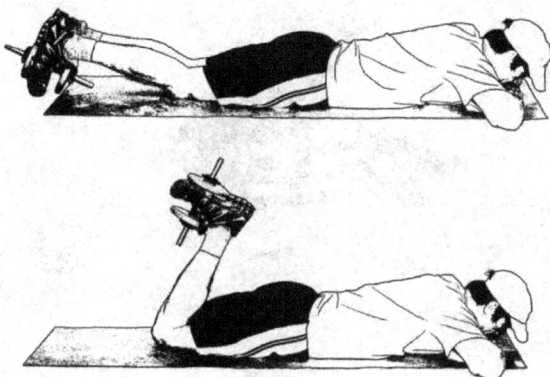

自然腘绳肌屈曲

- 跪在地上,双脚放在一对儿哑铃或
  其他物体下面。
- 收紧髋部和身体中部的肌肉。让身
  体前倾几度。
- 使用腘绳肌发力,让身体回到原来
  的位置。
- 随着力量的增强,扩大前倾的幅度,
  直到上半身几乎与地面平行。
- 保持大腿以上部分在一条直线上,
  不要从腰部弯曲。

脚高位桥式

- 仰卧，将双脚放在凳子或箱子上。
- 收紧臀部肌肉，向上抬起髋部。
- 收紧躯干肌肉，以保护背部。
- 慢慢回到起始位置，重复动作。

单腿高位桥式

- 起始动作与上个练习类似，不过要保持一条腿不接触凳子。
- 下方的脚发力，将髋部抬到空中。
- 注意保持髋部和膝部的稳定性，不要有水平方向的晃动。

臀部抬升

- 趴下，用双手和双膝支撑身体。
- 抬起一只脚，同时保持膝部弯曲。
- 臀肌发力，延展髋部，让抬起的腿向上运动。
- 增加难度：在脚踝部位增加重量，或是让同伴提供额外的阻力。

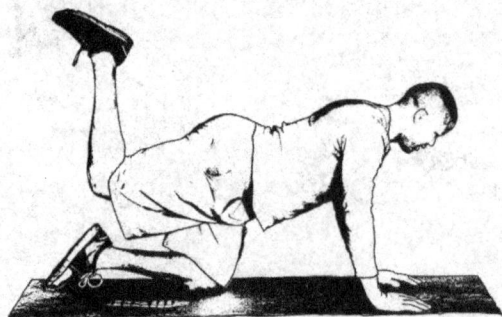

早安式

- 双脚与肩同宽站立，双手置于头部后方。
- 向前弯腰，下降上半身如同鞠躬。
- 先保持腰椎的正常形态，再尽量向下弯腰。
- 收紧臀肌和腘绳肌，从髋部开始向前运动，最后站起。

单腿早安式

- 双手放在头部后方，用单脚保持平衡站立。
- 向前弯腰，后方腿抬起保持平衡。
- 回到挺拔的单腿站姿，然后重复该动作。

消防栓抬腿

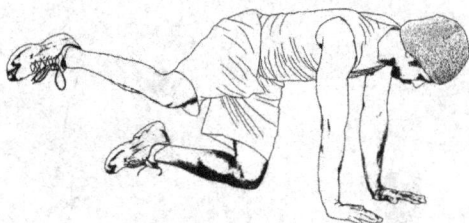

- 趴下，用双手与双膝支撑身体。
- 向侧面抬起一条腿，模仿狗在消防栓旁撒尿的姿势。
- 慢慢放下腿，重复动作。
- 尝试仅仅依靠髋部完成动作，上半身不要旋转。

哑铃硬拉

- 双脚与肩同宽，脚尖稍微向外倾斜。
- 屈膝，降低髋部的高度，直到你可以从地上捡起一对儿哑铃。
- 站起，膝盖伸直，髋部前移，回到最初的站姿。
- 降低姿势，重复动作。

直腿哑铃硬拉

- 双脚与肩同宽站立。
- 保持腰椎正常弯曲，从髋部开始，上半身向下运动。
- 如有需要，让膝盖稍微弯曲来维持脊椎的正常形状。
- 捡起地板上的哑铃，站直，重复动作。

相扑式哑铃硬拉

- 站立，双脚两倍于肩宽，双腿向外弯曲呈相扑姿势。
- 向前弯腰捡起一个哑铃。
- 髋部前移，抬起背部并站起。
- 降低姿势，放下哑铃，重复动作。

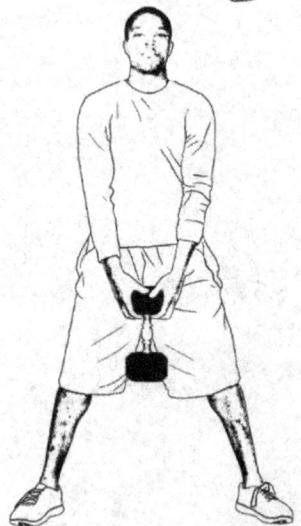

单腿杠铃片硬拉

- 单腿站立，向前弯腰，双手持握
  一个杠铃片。
- 用单脚保持平衡，收紧躯干，站起，
  将杠铃片举起到骨盆的高度。

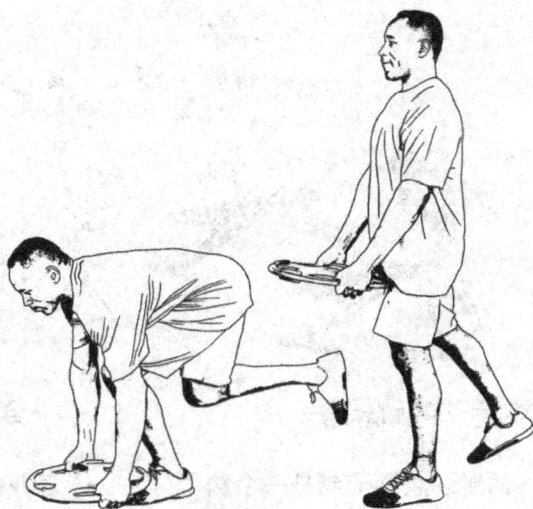

公文包哑铃硬拉

- 双脚与肩同宽站立，单手持一个哑铃。
- 蹲下，如同捡起一个公文包。
- 双膝不要向内倾斜，上半身也不要有任
  何旋转。
- 臀肌和股四头肌发力站起。
- 交换提哑铃的手，各重复若干次。

箱子蹲跳

- 坐在箱子上，向上挥舞手臂。
- 向上跳起，双手举向空中。
- 尽量跳得高一些，轻柔降落，回到坐姿。

跳凳子或跳箱子

- 面对一条凳子或是一个箱子。
- 半蹲,向上跳起,跳到凳子或箱子上面。
- 轻轻跳落下来。
- 增加难度:拿着药球作为阻力。

单腿跳箱子

- 面对一条凳子或是一个箱子站立,单腿站立保持平衡。
- 向后摆臂,然后单腿跳起。
- 单腿降落到箱子上面。
- 先站直站好,再跳下来,重复动作。

跳远

- 在地板上画两条线,间隔一两米。
- 站在一条线后方,轻微下蹲,然后向前跳出。
- 尝试跳过第二条线。
- 用前足部位轻柔落地。

凳子踏步

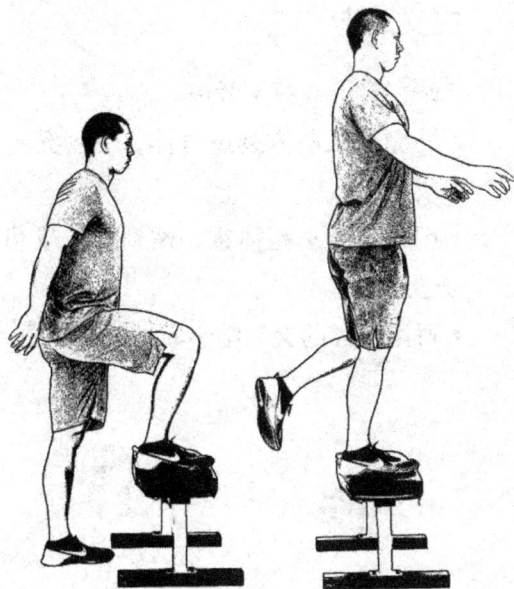

- 将一只脚放在平稳的凳子上，脚尖指向前方或是稍稍向外倾斜。
- 用踩凳子的脚承担体重，腿部发力，站到凳子上。
- 先完全伸直膝盖，再回到地上。

箱子踏步

- 一只脚踩到箱子顶部。
- 向身后摆臂，踩到箱子上面，同时双手发力举过头顶。
- 让另一条腿移到身体前方，跳起到空中。
- 用一条腿轻柔地降落到箱子上，另一条腿落地，回到起始位置。

交叉踏步

- 站在凳子或箱子旁边。
- 外侧腿从前方越过身体，踩到凳子或箱子顶部。
- 用这条腿承担体重，站到凳子或箱子上面。
- 再用这样的交叉踏步回到起始位置。

侧向踏步

- 使用一级台阶或是一个跳箱来做这个练习。
- 侧向站在台阶或跳箱旁，一只脚踩在台阶或跳箱上，脚趾指向前方。
- 水平移动重心，让踩台阶或跳箱腿的膝部完全伸直。
- 骨盆保持水平。
- 增加难度：拿一个哑铃或一个杠铃片。

哑铃踏步

- 与凳子踏步类似，用一个或一对儿哑铃作为额外阻力。
- 用同一条腿抬起和降低身体，获得最大效果。
- 可以每次换腿，也可以用一侧腿多做几次（更难）。

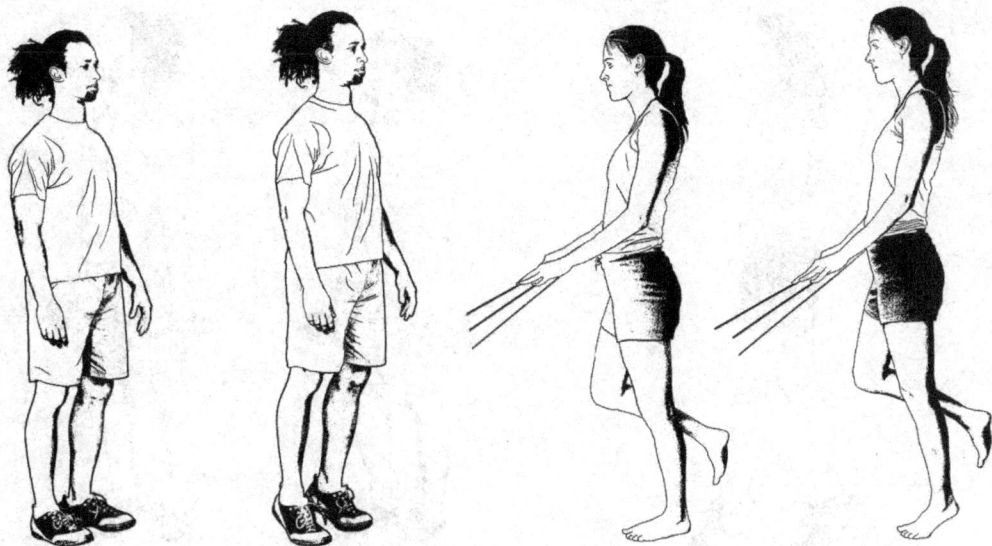

提踵

- 自然站立，双脚脚跟分开数厘米。
- 用脚趾支撑抬起身体，将小腿肌肉充分收缩，然后伸展。
- 慢慢降低姿势，重复动作，每次都要达到最大活动范围。

单腿提踵

- 单腿站立保持平衡，如果需要，可以扶着墙壁或杆子。
- 用支撑脚的脚趾承担体重。
- 达到最大活动范围，然后慢慢降低高度。
- 尝试不同的角度，让脚踝向内侧和外侧移动。

下蹲提踵

- 双腿距离至少与肩同宽。
- 降低髋部，呈半蹲姿势。
- 保持蹲姿，让前足部位承担体重。
- 用脚趾支撑身体站起。
- 回到起始姿势并重复。
- 增加难度：拿着哑铃以增加额外阻力。

脚趾行走

- 收紧小腿肌肉，用脚趾承担体重。
- 用脚趾保持平衡，向前走一会儿，走完一小段距离。
- 增加难度：拿着哑铃或药球增加阻力。

哑铃提踵

- 与常规的提踵练习动作基本相同，但是需要在两侧各拿一个哑铃作为阻力。
- 变形：举起一个哑铃到肩部高度或过头顶，来挑战核心力量与稳定性。

坐式哑铃提踵

- 坐在凳子上，将前足放在一摞杠铃片上，让脚跟离开地面。
- 手持一个或两个哑铃，放在膝盖上面。
- 前足用力，抬起脚后跟。
- 尽量增加活动范围。

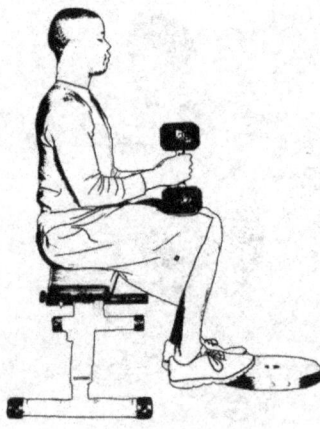

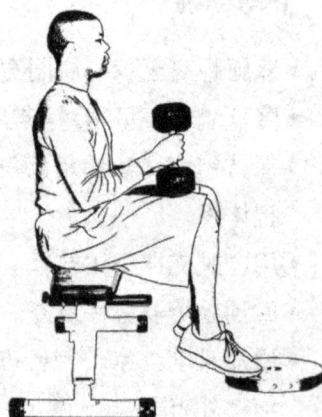

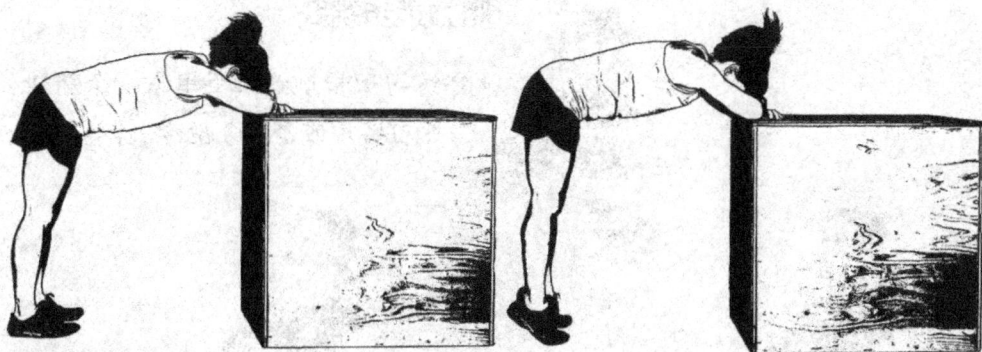

驴式提踵

- 弯腰，用前臂支撑躯干（前臂放在箱子顶上）。
- 用双脚的脚趾尽量抬高身体。
- 变形：像健身人士一样训练，找个伙伴坐在你的骨盆位置（务必小心）。

迈步跳跃

- 一只脚放在另一只脚前方 45~60 厘米处。
- 向上跳，在空中交换双腿位置。
- 轻柔落地，然后再次跳起，双脚前后交换位置。
- 变形：双手放在腰部或头部后方。

阻力迈步跳跃

- 在练习迈步跳跃时手里拿一个药球、一个杠铃片或是一个哑铃，作为阻力。

单腿跳跃

- 用一条腿保持平衡。
- 蹲低一点，然后向上跳起。
- 尽量跳高些，然后轻柔落地。
- 注意膝盖的合适位置，以保护膝盖。
- 变形：尝试跳一段距离，练习单腿跳远。

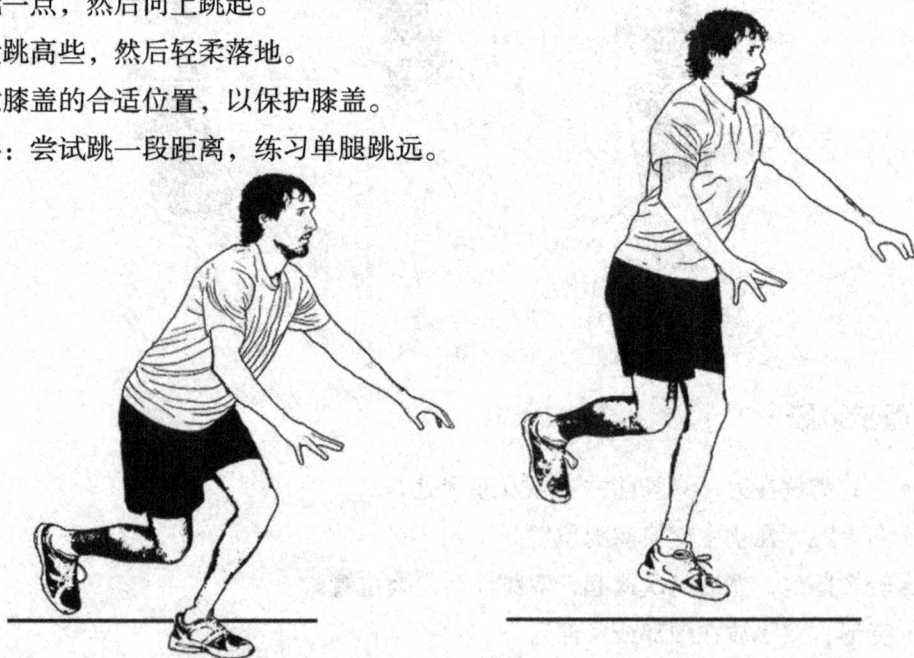

第3章 上肢力量训练

你认为爬上悬崖脱险、用重物砸向猛兽或是从地上扶起跌倒老人的能力重要吗？那在冲浪板上完成花式动作、在美式足球比赛中传球或是在家庭聚会上抱起小外甥呢？这些重要吗？

如果臂力差，一样都别想好好做到。

强壮的上肢能让你在许多事情上都有更好的表现，从生存需要到参加喜爱的周末运动。不论参加什么活动，上身力量越强，表现就越好。

本章专门列举了一些增强手臂、肩部、胸部和上背部力量的方法。

如果你觉得自己已经是健身房的常客，本章能给你一些举铁的新招式。接下来的章节还涉及杠铃、壶铃、复合训练，能为你的训练加入更多花样。

为了表达清晰，我们先看看几个基本动作的定义。

- 弯曲：任何弯折或关闭关节角度的活动。

- 伸展：与弯曲相反，在伸展运动中，是伸直、打开关节角度的活动。

- 提升：向着与重力相反的方向运动，如举起重物，经常是伸直手臂。

- 飞行：提升运动的一种，经常斜穿身体进行，能够增强胸部、肩部和背部的力量。

- 推举：需要两处关节同时行动的复合动作。

- 划船：另一种多项运动，将重物拉向身体。

俯卧撑和引体向上在哪儿？

翻开本章，你也许会吃惊地发现，本章并没有这两个自重训练项目。俯卧撑的变形动作很多，我相信它们应该有专门的一章（第 7 章"俯卧撑训练"）。同理，引体向上也是健身房和自重训练的基础，因此，你会在第 8 章"自重训练"中找到引体向上的各种变形动作。

握力训练呢？

在本章中，你会找到几个关于握力训练的动作，但并不多。为了增强握力，你首先需要增强搬运、抬举和持有重物的能力。硬拉和农夫行走就是针对这一目的的，类似于握住横梁悬吊身体这样的强化手腕的练习也会对增强握力有帮助。

隔离式的开链运动呢？

别发火，闭链复合运动要比只涉及单个关节的负重开链运动好得多，原因是多方面的。当然，作为一本训练动作的百科全书，将开链运动也包括在内才算合理。有时，你也许需要强化某块肌肉，而且你不会在每次训练中都让它参与其中。书中的练习范围如此之广，有一些训练你很可能每年只会做几次。

下面是与本章中的训练有关的一些肌肉的名称，和在第 2 章中一样，这里也缺少了某些肌肉群。同理，这里选择的是那些能让你产生最大收益的肌肉群。

- 肱二头肌：使肘关节弯曲、让前臂靠近肩关节的肌肉，对划船和臂屈动作都很重要。

- 肱三头肌：在上臂后方，功能是伸直肘关节，在推举伸直手臂时需要用到它。

- 胸肌：可以显示胸部轮廓。胸肌长在肋骨上，功能是在做推举和飞行等动作时将前臂带动至身体前方。

- 三角肌：构成圆润的肩部轮廓。三角肌让手臂向上运动离开身体，在抬举手臂和一些飞行动作时要用到它。

- 斜方肌：位于上背部。斜方肌的作用是活动肩胛骨，耸肩和划船动作要用到它。

你会发现，在本章中，你最喜爱的肌肉之———背阔肌并没有被提到。当手臂处于举起状态时，背阔肌能让它们回到身体附近，因此它对引体向上等动作很重要。如果你直接翻到第 8 章，你会看到许多练习背阔肌的富有创意的方法。

那就让我们开始举铁吧！

肱二头肌弯举

- 双手各拿一个哑铃，放在大腿的高度。
- 弯曲肘关节，将哑铃举起至肩部高度。
- 放低哑铃回到起始位置。

肱二头肌轮流弯举

- 双手各拿一个哑铃，放在大腿的高度。
- 只弯曲一侧的肘关节，将哑铃举起到胸部高度，然后放低。
- 另一侧手臂重复该动作。
- 双臂轮流弯曲举哑铃。

集中弯举

- 坐在凳子上，举起一个哑铃，将肘关节垫在大腿上作为支撑。
- 弯曲和伸展肘关节，让哑铃上下运动，注意保持动作的质量。
- 变形：以半蹲姿势练习，将肘关节支撑在大腿上。

反手抓握肱二头肌弯举

- 双手手掌向下，各持一个哑铃，或是双手手掌向下持握一个杠铃。
- 弯曲和伸展肘关节时，保持手掌对着地面。

交叉弯举

- 双手握拳，各持一个哑铃，置于大腿的高度。
- 将一只手举起至对侧肩部，然后回到起始位置。
- 换另一只手重复动作。

肩部弯举

- 保持挺拔站姿，用双手将杠铃片举起至骨盆高度。
- 收紧身体中部的肌肉，弯曲手臂，将杠铃片举起至一侧肩部。
- 放下杠铃片至身体中部。
- 重复动作，将杠铃片举起至对侧肩部。

单侧祈祷弯举

- 将肘关节和前臂放在倾斜的椅子上。
- 用对侧手臂和运动员步态将身体收紧。
- 握住哑铃，从肘关节完全伸直到肘关节完全弯曲。

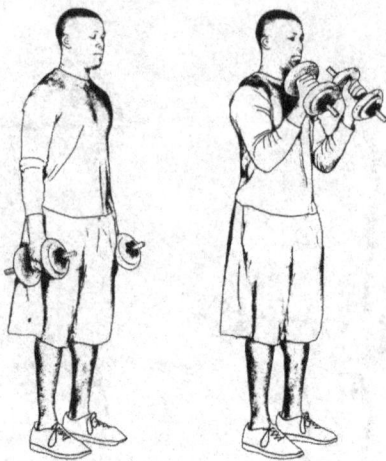

锤子弯举

- 将两个哑铃提起至大腿高度，双手手掌相对。
- 完全弯曲手臂，举起哑铃，同时保持手掌相对。

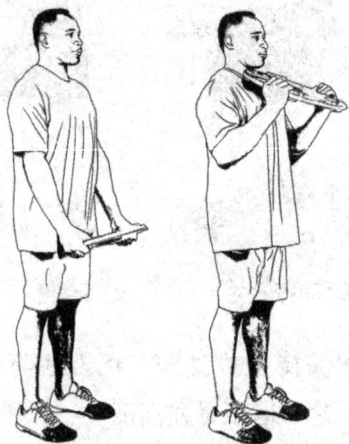

杠铃片锤子弯举

- 双脚与肩同宽站立，将杠铃片举起至大腿高度。
- 将杠铃片从大腿处举起至胸前。
- 放下杠铃片至大腿位置，然后重复。

杠铃片弯举

- 用拇指和其他手指捏住一个杠铃片。
- 将杠铃片放在身体的一侧，保持手腕的自然位置。
- 用手指夹住杠铃片，举起至肩部高度。

双臂肱三头肌后展

- 弯腰，将一对儿哑铃置于胸部两侧。
- 伸直双臂肘关节，让双臂保持与后背平行。
- 降低手的位置，弯曲肘关节，回到起始姿势。

单臂肱三头肌后展

- 弯腰，一只手放在大腿上或是凳子上作为支撑。
- 将一个哑铃置于胸部位置。
- 伸直肘关节，向后方举起哑铃。
- 达到最大活动范围，停止，然后回到胸前位置。

头骨粉碎

- 双手在头部后方持握一个哑铃，双臂弯曲。
- 伸直肘关节，让哑铃位于头部正上方。
- 弯曲肘关节向，向后放低哑铃，小心别碰到头。
- 变形：以平躺姿势进行该动作，肘关节高于脸部。

单臂头骨粉碎

- 与头骨粉碎的基本动作类似，但是只用一只手。
- 一直保持举起肘关节。
- 变形：交换坐姿与站姿，尝试不同程度的躯干支撑。

凳子按压

- 将手掌按压在凳子上，手指向前。
- 双腿伸直置于身体前方，脚跟落地。
- 弯曲肘关节，让臀部接触地面。
- 伸直肘关节，回到起始位置。
- 增加难度：将双脚放在另一个凳子上。

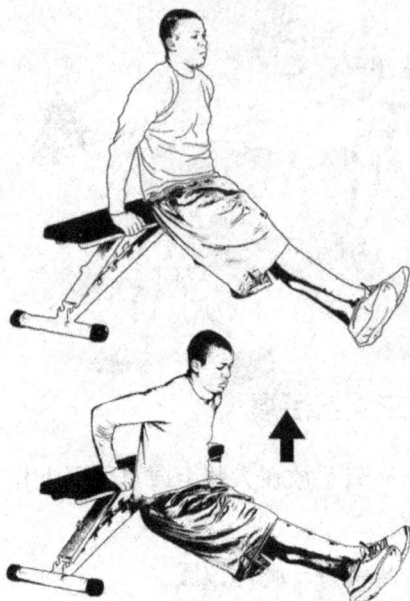

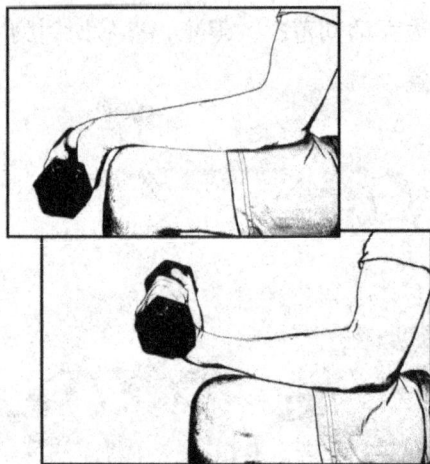

反向手腕弯曲

- 用大腿支撑前臂，握住一个哑铃。
- 手掌向下。
- 收紧手腕肌肉，向上抬起哑铃。
- 将动作限制在手腕。

手腕弯曲

- 用大腿支撑前臂，握住一个哑铃。
- 手掌向上。
- 收紧前臂肌肉，向上举起哑铃，对抗重力，直到手腕完全弯曲。
- 向下放低手腕，回到起始位置。

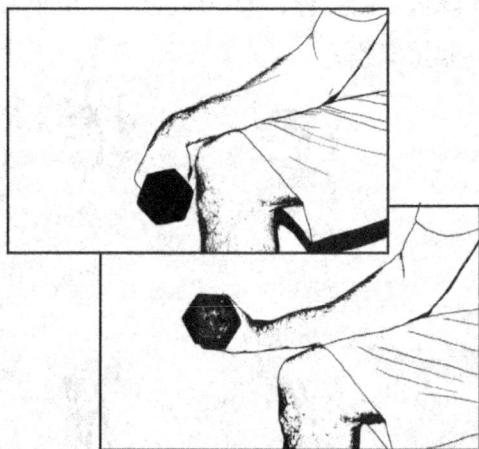

哑铃手腕旋转

- 双脚与肩同宽站立，双手各握一个哑铃。
- 抬起前臂至平行于地面，肘关节夹紧躯干。
- 来回旋转每个哑铃，交替进行手掌向上与向下的动作。

握力

- 握住握力器或是弹力球这样的握力工具。
- 攥紧手指。
- 尝试不让手腕向内弯曲。

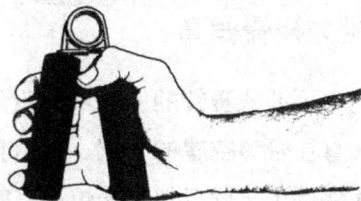

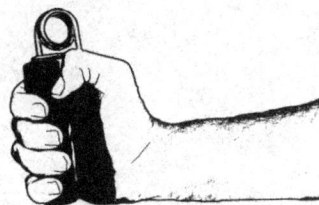

手腕吊车

- 找一条90厘米长的绳子、一个杠铃片和一个结实的棍子。
- 双臂于身前伸直，让棍子保持在齐胸高度。
- 使用手腕发力向一个方向转动棍子，让绳子缠绕在棍子上。
- 当杠铃片被完全吊起后，用相反方向的手腕动作将它放低至地面高度。

阻力桡骨偏离

- 在可调式哑铃的一端增加重量。

- 拿住哑铃空置的一端，保持重量在拇指上方。

- 保持手腕的自然放松位置，向肩部提起重量，但是不要让手臂的其他部位移动。

阻力尺骨偏离

- 使用与阻力桡骨偏离动作类似的哑铃。

- 拿住哑铃空置的一端，保持重量位于拇指远端。

- 活动手腕，向躯干提起重量，然后再放低重物的高度。

哑铃单臂前平举

- 单手持握哑铃，手臂伸直位于大腿处。
- 向正前方举起哑铃，停在肩部高度的位置。
- 让肩胛骨沿着脊椎向后向下运动。
- 变形：尝试双手同时各举一个哑铃。

双手交替举哑铃

- 双手各持一个哑铃。
- 将一只手中的哑铃举起至肩部高度，保持手掌向下。
- 放下举起哑铃的手，然后再举起另一只手中的哑铃。
- 保持颈部放松，收紧躯干肌肉，不要让双肩向着耳朵移动。

杠铃片前平举

- 双手持握杠铃片，放在骨盆的前方。
- 将杠铃片举起至肩部高度，保持肘关节伸直。
- 在放下杠铃片时，不要让它碰到骨盆。

哑铃侧平举

- 双臂自然放松，双手在髋部位置各执一个哑铃。
- 收紧躯干肌肉，肩部发力，向侧面举起重物。
- 完成动作时，双手齐肩高，然后降低高度，回到起始位置。

过顶上举哑铃

- 双手在身体两侧各持一个哑铃。
- 双手在身体侧面向上举起哑铃，直到高过头顶的位置。
- 双手在身体侧面放低，然后再举起，如此重复。

肩胛飞机举哑铃

- 双手各持一个哑铃，位于髋部高度。手腕微微向外旋转。
- 双臂向斜上方举起哑铃，手臂与身体正前方成 30~45 度角。
- 在手臂到达肩部高度时停止。
- 不要耸肩，保持肩胛骨在后背的低位置。

反向飞行

- 向前弯腰 30 度，双手在身体两侧各拿一个哑铃。
- 尝试双腿前后分开保持平衡。
- 用挥舞动作向后举起哑铃，聚拢两侧肩胛骨。
- 在双臂与身体垂直线成 90 度角时停止。然后降低哑铃的高度，回到起始位置。

单臂反向飞行

- 用单臂完成反向飞行的变形动作。
- 另一侧手臂可以放在大腿上作为支撑。
- 在抬起手臂时，尝试让肩胛骨沿着肋骨向后方和内侧移动。

坐式反向飞行

- 坐在凳子上或椅子上，进行基本的反向飞行动作。
- 尝试用大腿支撑腹部，这样能让肩部后方和后背中部的肌肉更多地参与运动。

有支撑的单臂反向飞行

- 与单臂反向飞行类似，但是需要将另一侧手臂放在凳子上以支撑躯干。
- 将膝盖放在凳子上，支撑下半身，让躯干差不多处于水平的位置。

上倾反向飞行

- 将凳子的靠背调整到大约 45 度。
- 将胸骨倚靠在靠垫上，双臂下垂接近地面。
- 两侧肩胛骨靠拢，双臂向两侧抬起。
- 双手在到达胸部高度时停下。

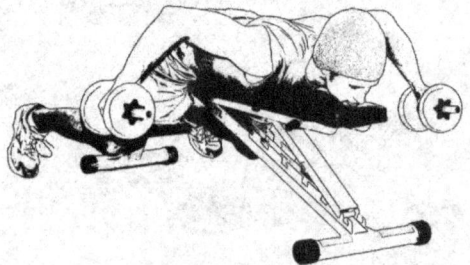

俯卧反向飞行

- 将凳子放平，将胸部和下腹部支撑在靠垫上。
- 进行基本的反向飞行动作，向侧面抬起手臂至胸部高度。

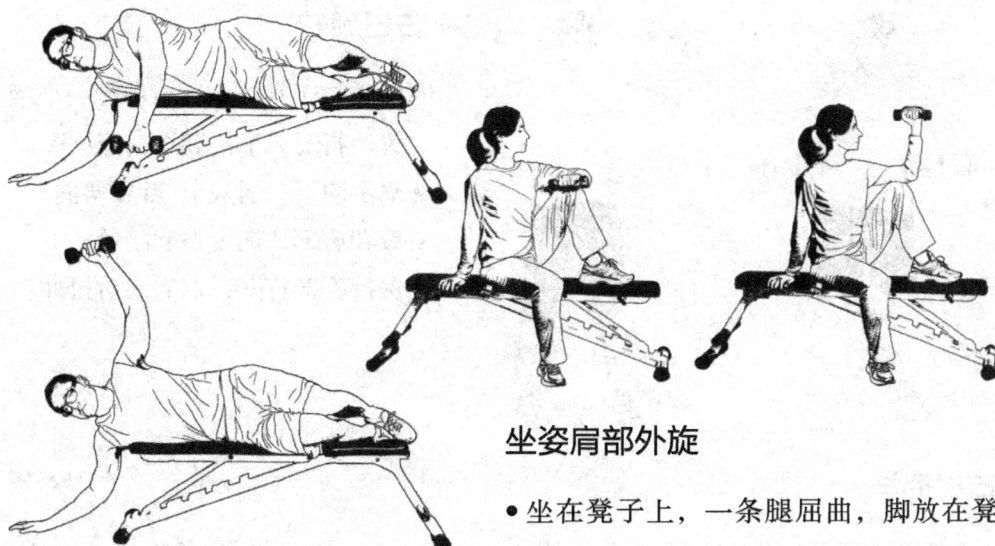

侧卧反向飞行

- 身体侧躺在凳子上。
- 上方手持一个哑铃，动作开始时将哑铃放在地面上。
- 向正上方抬起手臂，在垂直于地面时停止。

坐姿肩部外旋

- 坐在凳子上，一条腿屈曲，脚放在凳子上。
- 肘关节放在膝盖上，在齐胸高度持握一个哑铃。
- 只用肩部动作，向上方旋转前臂。
- 保持肘关节支撑在膝盖上。

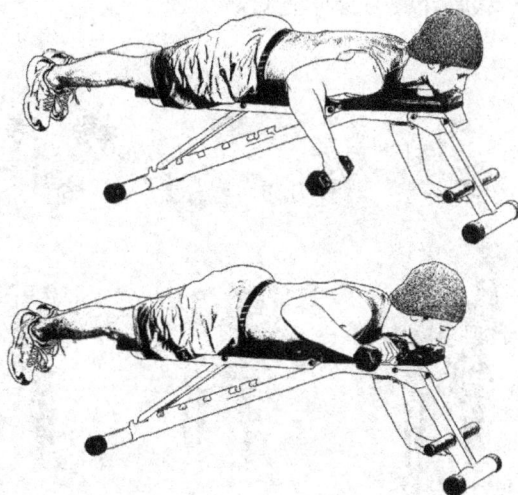

卧姿肩部外旋

- 俯卧在凳子上，一侧手臂支撑在地上，与身体成 90 度角。
- 用肩部旋转动作从地上拿起哑铃，使之到达头部高度。
- 反向旋转，放下哑铃。

古巴旋转

- 双手位于身体侧面，各握一个哑铃，将肘关节提起至与肩同高。
- 双手向下，肘关节 90 度弯曲。
- 旋转肩部，向上举起哑铃。
- 保持胸部打开，双肩向后拉伸。

古巴推举

- 双手各拿一个哑铃，向外侧举起肘关节，与身体成 90 度。
- 向上旋转双手，保持上臂与地面平行。
- 当哑铃旋转到肘关节正上方时，双手一起将它们向上举起过头顶。
- 按照相反顺序放下哑铃，保持双肩外展与身体垂直。

侧平举与外旋

- 双手各拿一个哑铃，置于髋部。
- 将双臂举起至肩部高度，手指向前，肘关节弯曲 90 度。
- 双手向上旋转，打开胸部，结束动作。

俯身划船

- 向前弯腰，双手各拿一个哑铃，自然下垂到地面。
- 向肩部举起哑铃。
- 避免肘关节过分向外翻转。
- 沿着脊椎向后拉伸肩胛骨。

单臂俯身划船

- 与俯身划船类似，只是单手持握哑铃。
- 将空闲的手放在大腿或膝盖上。

交替划船

- 与俯身划船类似，向前弯腰。
- 举起一侧的哑铃到胸部高度，另一个哑铃依旧悬垂在地面上方。
- 双臂交替做划船动作。

有支撑的单臂划船

- 向前弯腰，用单侧手和膝盖在凳子上支撑身体。
- 用另一侧的手臂将哑铃抬起至胸部高度。
- 让肩胛骨向后方移动。

杠铃片划船

- 站姿，向前弯腰，双臂伸展，握住一个杠铃片。
- 适当弯曲膝盖，保持脊椎的正常弯曲。
- 将杠铃片抬起至胸部位置，双臂肘关节夹紧肋骨。
- 举起杠铃片后，再逐渐伸直肘关节，把它放回至起始位置。

手持杠铃片划船

- 双手的拇指和其余手指各夹一个杠铃片。
- 向前弯腰，双臂向地面下垂。
- 收紧躯干肌肉，用划船姿势将杠铃片提起到胸部高度。
- 放下，至地面以上高度，重复动作。

卡车司机

- 双手握住一个杠铃片。
- 将它举起至肩部高度，能坚持多久就坚持多久。
- 双手像驾驶汽车方向盘一样，从最上方向最下方转动杠铃片。

肩部推举

- 以坐姿开始，将两个哑铃举起到肩部高度。
- 伸直肘关节，双手向正上方举起哑铃。
- 双手返回肩部，完成动作。
- 不要让肘关节向两侧过分外展。
- 变形：在站姿时尝试做这一动作。

单臂肩部推举

- 只用一侧手臂完成肩部推举。
- 收紧腹肌，避免身体扭转。

轮换推举

- 用两个哑铃完成基本的肩部推举，但是双臂交替上举。
- 收紧躯干和下身的肌肉。
- 尽力举高哑铃。

捏杠铃片推举

- 双手的拇指与其他手指各夹住一个杠铃片。
- 将杠铃片抬起至肩部高度，然后向上举起，至手臂完全伸直。
- 再把杠铃片降低到肩部高度，准备再次举过头顶。

胸部推举

- 平躺，双手在胸部各持一个哑铃。
- 伸直双臂，向上举起哑铃。
- 尝试让两个哑铃逐渐靠近，但不要碰在一起。

斜上推举

- 使用向上倾斜的凳子，进行基本的胸部推举动作。
- 双臂上举，但是不要直接经过胸部。

单臂胸部推举

- 用单臂完成胸部推举。
- 保持腹肌收紧，避免躯干旋转。

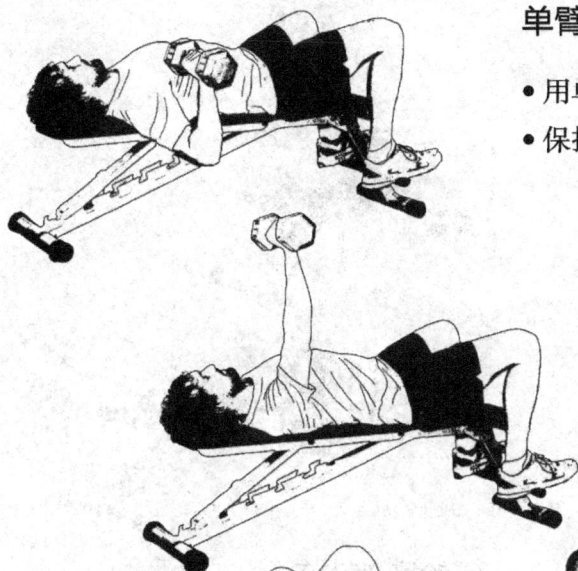

站姿杠铃片推举

- 双脚与肩同宽站立，双手在胸前握住一个杠铃片。
- 收紧躯干肌肉和臀部肌肉，向外推杠铃片。
- 伸直双臂，直到它们与地面平行。回到起始位置。

胸前抛物

- 仰卧躺下，将一个药球抱在胸部。
- 双手向上抛药球。
- 接住球，将它慢慢放下。
- 再次发力向上抛球，重复该动作。

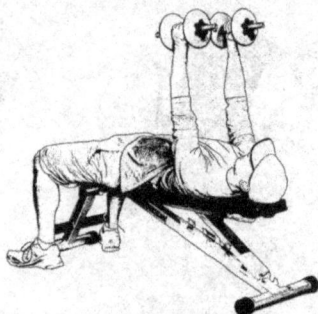

自重胸部飞鸟

- 趴在地上，呈平板支撑的姿势，双手各按住一块抹布。
- 分开双臂，双手在地上向身体外侧滑行。
- 在胸部距离地面只有几厘米时停下。
- 反向进行上述动作，双手向内滑行，回到起始位置。

哑铃胸部飞鸟

- 仰卧平躺，双手在胸部上方各拿一个哑铃，伸直肘关节。
- 双臂分开，打开胸部。
- 当哑铃到达腹部高度时停下。
- 反向进行上述动作，举起哑铃到胸部上方。

地板胸部飞鸟

- 仰卧平躺，膝盖弯曲，双手在身体上方各拿一个哑铃。
- 向侧面放下哑铃，当哑铃触地时，休息一会儿。
- 重新将哑铃举过头顶，保持双臂几乎伸直。

哑铃拉伸

- 身体与凳子垂直，将上背部倚靠在凳子上，双脚踩在地上。
- 躯干与地面平行，双手将一个哑铃举起至胸部正上方。
- 双臂肘关节稍稍放松，将哑铃经过头顶向着地面放低。
- 达到肩部活动范围的极限，然后再次举起哑铃回到起始位置。

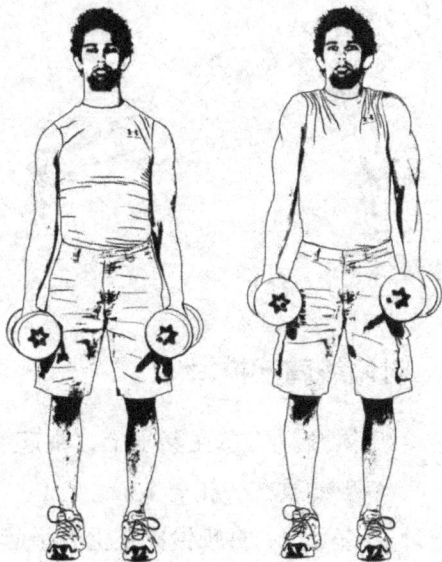

耸肩

- 肩部放松，双手在身体两侧各拿一个哑铃。
- 收紧上背部肌肉，让肩部向着耳朵的高度提升。
- 保持颈部的自然位置，头不要向前移动。

过头耸肩

- 双臂伸直，将两个哑铃举过头顶。
- 头不要向前移动。

肩部台阶

- 在台阶旁边趴下。
- 一只手放在台阶上，然后将另一只手放上台阶，向上抬升身体。
- 依次从台阶上拿下一只手。
- 轮换先放上台阶的手。

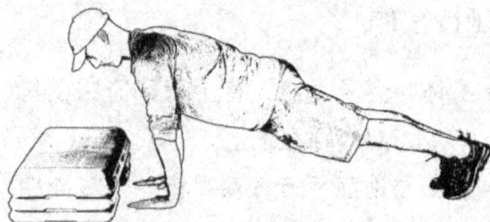

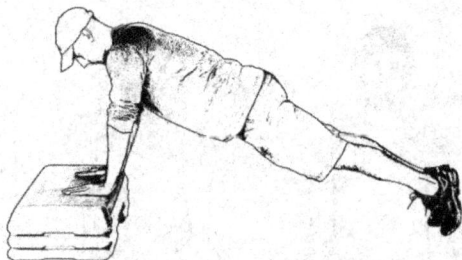

对角线肩部推举

- 身体倾斜倚靠在凳子上，举起一个哑铃放在一侧肩上。
- 伸直手臂，将哑铃向正上方举起。
- 变形：侧卧在地上，或是在站姿时倾斜躯干完成该动作。

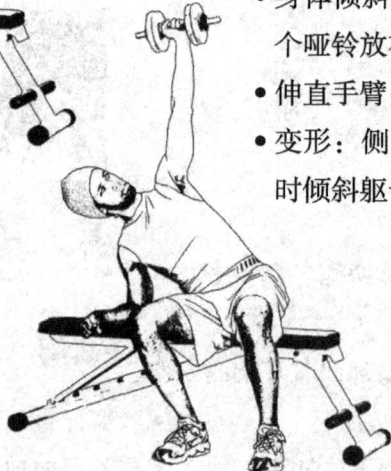

弯曲与推举

- 双手在髋部高度各持一个哑铃。

- 弯曲肘关节，将哑铃举起至肩部。

- 然后做肩部推举动作，将哑铃举过头顶。

单臂弯曲与推举

- 弯曲手臂将一个哑铃举起至肩部高度。

- 然后做肩部推举动作，将哑铃举过头顶。

- 另一只手放在骨盆上以增强稳定性。

杠铃片弯曲与抬举

- 双手将一个杠铃片举起至髋部。
- 弯曲肘关节，将杠铃片举起至胸部。
- 将杠铃片举过头顶。

杠铃片弯曲与推举

- 双脚与肩同宽站立，双手在骨盆高度握住一个杠铃片。
- 收紧髋部与躯干肌肉，然后将杠铃片举到肩部高度。
- 继续向上举杠铃片，伸直手臂，把它举过头顶。

对角线举哑铃 – 内侧

- 在身体一侧握住一个哑铃，距离髋部大约 25 厘米。
- 向身体内侧举起哑铃，横向越过身体，到达另一侧肩部以上。
- 反向重复动作，回到起始位置。

对角线举哑铃 – 外侧

- 单手持哑铃，位于身体对侧的髋部。
- 向斜上方举起哑铃，穿越身体对角线。
- 将哑铃举到手臂与身体中线成 45 度角的位置。

杠铃片光环

- 挺立，把一个杠铃片举到头部高度。
- 举起肘关节，让杠铃片围绕头部旋转。
- 重复数次，改变旋转方向。
- 收紧身体中部肌肉，避免肋骨过度外张。

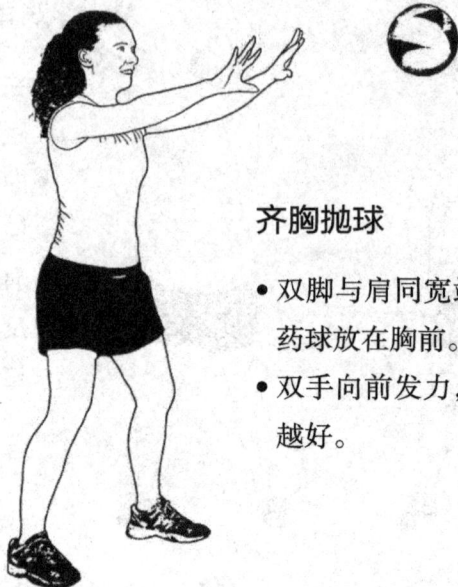

齐胸抛球

- 双脚与肩同宽站立，双手把一个药球放在胸前。
- 双手向前发力，将药球扔得越远越好。

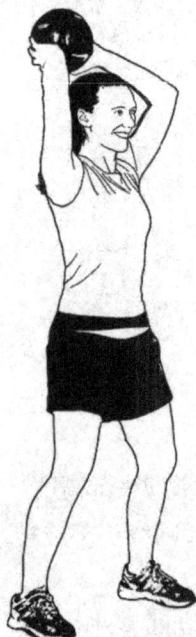
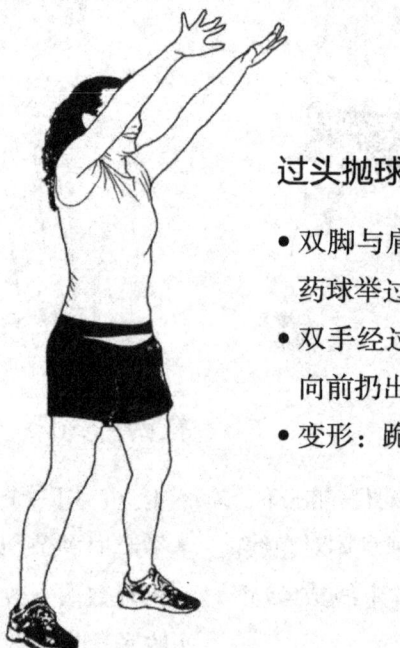

过头抛球

- 双脚与肩同宽站立，双手将一个药球举过头顶。
- 双手经过头顶，用尽力气将药球向前扔出。
- 变形：跪地做这个动作。

第4章 杠铃训练

举重运动员与健身爱好者与它生死相依，运动员靠它提高成绩。没有它，美国影星阿诺德·施瓦辛格是不能出演《野蛮人南柯》的。

它是什么东西？

当然是杠铃。为什么运动员和希望增加肌肉的健身爱好者如此看重杠铃？

答案很简单：它们能让你举起很大的重量，并且保持高度的稳定性。精英举重运动员能用蹲举动作举起 400 千克的杠铃，用挺举动作举起 300 千克的杠铃。尝试举起这样的重量，你的手臂就会像要断掉一样。

杠铃的设计，似乎可以添加无限的重量。因此，如果想认真做力量训练，这是理想的工具。

在本章中，你将学到许多使用杠铃完成的力量训练动作。超过 12 种下蹲、纷繁多样的弓箭步、硬拉以及上半身动作，这足以避免枯燥。此外，还有一些非传统的核心训练，可以用来增加乐趣。

你可能会注意到，在本章中，单关节动作很少见，只会偶尔出现。不过，使用杠铃是适合多个关节和多肌肉群的综合技能。希望它能成为你追求力量和爆发力时的可信伙伴。

不要耽误时间了，来看看杠铃训练吧。

背杠铃深蹲

- 肘关节弯曲，将杠铃举起在肩后方。
- 双脚分开站立，膝盖向外。
- 收紧后背肌肉，保持脊椎形态。
- 髋部后移，大腿至少与地面平行。
- 腿发力，收紧躯干肌肉，站起。

前举杠铃深蹲

- 举起杠铃至胸部上方锁骨高度。
- 抬起肘关节，方便手指抓握杠铃。
- 收紧后背肌肉，保持脊椎形态。
- 尽力下蹲，但是保持脊柱形态。
- 双脚支撑发力，直起后背，站起。
- 变形：双臂在身体前方交叉，用双手将杠铃举到胸前。

背杠铃分腿深蹲

- 采用背杠铃深蹲的姿势。
- 双脚两倍于肩宽站立，脚尖指向外侧。
- 蹲下，但是膝盖不要向内倾斜。
- 站起，收紧核心肌群和上身肌肉。

前置杠铃深蹲

- 用臂弯托举着杠铃。
- 下蹲成深蹲姿势，保持背部正常弯曲度。
- 膝盖顶部不要向内倾斜。
- 腿部向正上方发力，站起。

杠铃弓箭步深蹲

- 将杠铃举起至后背上部。双脚分开，分别置于躯干的前方和后方。
- 下蹲呈深蹲姿势，双脚均匀分担重量，让后侧脚跟离开地面。
- 尝试不要改变重量的前后分布，但是在上下方向做垂直运动。

侧向弓箭步深蹲

- 双脚两倍于肩宽站立。
- 举起一个杠铃至上背部。
- 一侧膝盖弯曲，并将重量转移到弯曲的那条腿上。
- 让另一条腿伸直，就像改进版的单腿深蹲一样。
- 屈腿发力站起。

杠铃保加利亚弓箭步深蹲

- 在背部上方托举一个杠铃。
- 将一条腿放在身后一个膝盖高的凳子上。
- 向正下方下蹲，用支撑腿完成改变姿势的单腿深蹲。
- 蹬地站起。
- 在整个下蹲过程中保持正常的脊柱弯曲度。

抬起前方脚杠铃弓箭步深蹲

- 在背部上方和肩部举起杠铃。
- 将一只脚放在身体前方，踩着台阶或跳箱。
- 降低高度，呈弓箭步深蹲姿势。
- 双腿发力站起。
- 在最低位置时，不要让骨盆卷曲。

后置杠铃深蹲

- 将杠铃放在身体后方，与髋部等高。
- 保持脊柱的正常弯曲度，降低身体高度，呈深蹲姿势。
- 膝盖不要向内侧或外侧倾斜。
- 蹬地，站起。
- 变形：将双脚脚跟抬起和双脚平放在地面两种形式交替进行。

高低不等深蹲

- 站在台阶或是跳箱的一侧，在背部上方与肩部位置举起杠铃。
- 把一只脚踩在凸起物上，双脚脚趾指向前方。
- 降低高度，单腿深蹲，将重量集中在踩在地上的腿上。
- 在下蹲与站起的过程中，注意膝盖的正确位置，保持脊柱的正常弯曲度。

杠铃过头弓箭步深蹲

- 将杠铃举过头，双脚前后分开，呈弓箭步深蹲姿势。
- 激活后背与肩部肌肉，保持杠铃在头部正上方。
- 降低身体高度至弓箭步深蹲姿势。后方的腿在屈膝时，抬起脚跟。
- 在站起时，让重量在双脚之间均匀分布。

杠铃过头深蹲

- 双手大幅外展，将杠铃举过头顶。
- 背部肌肉发力，让肩胛骨向下方移动并且相互靠近。
- 达到深蹲姿势，大腿平行于地面，或是尽量再低一些。
- 做到将杠铃举过头顶，然后站起。

凳子或箱子深蹲

- 像背杠铃深蹲那样托举着杠铃，在凳子或箱子前站立。
- 降低身体至深蹲动作，用凳子或箱子作为支撑，坐在上面。
- 在练习动作时保持脊柱的正常弯曲度。
- 离开坐具站起来。

推举杠铃

- 将杠铃举起至胸部附近，成向前下蹲姿势。
- 下蹲至大腿与地面平行。
- 快速站起，将杠铃举起至头顶上方。
- 回到蹲姿，将杠铃降低到胸部高度。

杠铃弓箭步

- 举起杠铃至背部上方和肩部。
- 一只脚向前迈出一步，将重量转移到前置腿。
- 让膝盖始终处于脚的正上方（不要向内或向外倾斜）。
- 前置腿用力支撑身体站起。

架式前举深蹲

- 将杠铃放在肩部前方的锁骨高度。
- 用手指托着杠铃，在身体前方抬起肘关节。
- 躯干肌肉发力，向前迈出一步，呈前方弓箭步姿势。
- 让前方膝盖充分弯曲，直到后方膝盖几乎接触地面。
- 前方脚发力，重新站起。
- 变形：一边按照架式前举深蹲举起杠铃，一边做行走弓箭步。

前置杠铃弓箭步

- 用双臂的臂弯将杠铃托举在身体前方。
- 一只脚向前迈出一步，将重量转移到前置腿。
- 前置腿用力支撑身体站起。

杠铃侧向弓箭步

- 举起杠铃至背部上方和肩部。
- 向侧面迈出一大步，并把重量转移到迈出的那条腿上。
- 注意保持膝盖的正确位置，不要过度向内或向外倾斜。
- 外侧腿发力蹬地，往回迈步，回到起始位置。

低姿弓箭步

- 举起杠铃至背部上方和肩部。
- 一条腿向后迈一步，到达前方腿的后方。
- 降低身体高度，蹲下。
- 后方腿发力，前方腿收紧肌肉，站起。
- 在站起时,想象前方腿在向一侧发力。

过头深蹲

- 将杠铃举到头顶正上方，收紧后背和肩部肌肉。
- 向前迈一大步，将重量转移至前方腿。
- 前方腿屈膝,恰好到达脚尖位置,然后发力蹬地,站起。

硬拉

- 双脚与肩同宽站立。
- 弯曲髋部与膝部，从地上提起杠铃。
- 收紧躯干肌肉，保持脊柱正常弯曲。
- 攥紧杠铃，伸直腿站立。
- 在拉起杠铃时，让它贴近腿。
- 髋部前移，膝盖保持固定。

相扑式硬拉

- 双脚两倍于肩宽。
- 脚尖指向外侧。
- 收紧躯干肌肉，保持脊柱姿势。
- 伸直腿，将杠铃提起至大腿高度。

架子硬拉

- 将杠铃放在架子或箱子等其他支撑物上，站在杠铃后面。
- 放低身体，双手与肩同宽，抓住杠铃。
- 如果需要，可以降低髋部，然后收紧躯干肌肉，在站起时，让杠铃靠近腿。
- 完成时要挺胸展髋。
- 反向动作，将杠铃放在起始位置。

亏损硬拉

- 用两个杠铃片等物体在地上搭一个小平台。
- 站在这个高出地面的小平台上，蹲下并握住身前的杠铃。
- 调整握力，脊柱周围肌肉发力，然后双腿蹬地，开始提起杠铃。
- 沿着腿部向上提起杠铃，在完全站直后，让髋部锁定在展开位置。
- 反向动作，把杠铃放在地上。

直腿硬拉

- 双脚分开与肩同宽。
- 向前弯腰，从髋部开始折叠身体。
- 微微弯曲膝盖，保持脊柱稍向前方弯曲。
- 抓起杠铃，靠近腿部并向上抬起。
- 髋部前移，完成硬拉。

罗马尼亚硬拉

- 双脚分开与肩同宽，在大腿上方提起哑铃。
- 收缩躯干肌肉，弯腰将杠铃放低到小腿高度。
- 保持腿部伸直，膝盖可以微微弯曲来保持脊柱的正常形态。
- 将杠铃提起到大腿高度，回到起始位置。

单腿罗马尼亚硬拉

- 用一条腿保持平衡，在大腿上方提起哑铃。
- 收紧躯干肌肉，髋部向前弯曲。
- 将杠铃放低到小腿位置，然后单腿站起来，依旧用一条腿保持平衡。

保加利亚弓箭步硬拉

- 将一只脚放在身后及膝高的凳子或箱子上。
- 向前弯腰，抓住地上的杠铃。
- 抬起后方腿，起身站起。
- 保持杠铃靠近腿。
- 在举起杠铃时，髋部前移。

杰弗逊硬拉

- 两脚分开，站在杠铃杆两侧。
- 弯腰，一手在前且手掌向上，一手在后且手掌向下，抓住杠铃杆。
- 握紧，收紧脊柱周围肌肉，然后站起，将杠铃举起至腹股沟高度。
- 在回到起始姿势前，要完全伸展髋部并伸直膝盖。

摸脚趾硬拉

- 站在杠铃后方，一只脚放在身后十几厘米处。
- 弯腰，用双手抓住杠铃，用前置脚和后置脚的脚趾保持平衡。
- 降低髋部，抬起胸部，收紧躯干肌肉。
- 沿着前置腿拉起杠铃，展开髋部并伸直膝盖，站起并将哑铃放在大腿上部的前方。

抓握硬拉

- 站在杠铃后面，蹲下抓住杠铃，双手两倍于肩宽。
- 降低髋部高度，抬起躯干，收紧脊柱周围的肌肉，准备提起杠铃。
- 双脚发力站起，沿着双腿向上提起杠铃。
- 髋部展开，挺胸，将杠铃提起至大腿上方位置，结束动作。

托架硬拉

- 在杠铃后面蹲下，双腿距离比肩略宽。
- 充分放低胸部，直到你可以将双臂从杠铃杆下方穿过，用臂弯托着杠铃。
- 向着身体拉近杠铃，抬起躯干，站起来。
- 双腿伸直，将杠铃托在胸前，完成动作。
- 在提起杠铃前，一定收紧身体中部的肌肉，以保护背部。
- 更简单的变式：如果身体的柔韧性不足，可以把杠铃放在两个跳箱或是两组杠铃片上。

公文包硬拉

- 侧身站在杠铃一旁，杠铃杆与脚趾的方向保持平行。
- 降低髋部和躯干，直到可以单手握住杠铃。
- 如同提着一个沉重的公文包，收紧身体中部和脊柱周围的肌肉，站起来。
- 将杠铃放回地上，重复该动作。

单臂硬拉

- 站在杠铃后面，双脚与肩同宽。

- 蹲下，单手抓住杠铃杆中部。

- 髋部稍稍降低，收紧身体中部的肌肉，从地上提起杠铃。

- 站起，让杠铃处于大腿高度。

后置杠铃早安式

- 双脚与肩同宽，将杠铃置于上背部和肩部。

- 髋部向前弯曲，降低胸部高度，让臀部后移。

- 后背弯曲，用以保持脊柱的正常曲度。

- 收紧腿部与后背的肌肉，髋部前移，抬起胸部，回到起始位置。

前置杠铃早安式

- 用双臂的臂弯托举着杠铃。

- 髋部向前弯曲，降低胸部，臀部向后移动。

- 在无法保持脊柱正常曲度时停下动作。

- 收紧腿部与背部肌肉，髋部前移，回到起始位置。

分腿早安式

- 将一只脚放在身体前方，最好是放在高过地面的杠铃片等物体上。
- 将杠铃放在后背上方和肩部。
- 髋部向前弯曲，降低肩部，臀部向后移动。
- 髋部前移，挺胸，站起。

坐姿早安式

- 骑在凳子或箱子上。
- 将杠铃举在背部上方或是肩部。
- 髋部向前，让胸部接近凳子。
- 收紧背部肌肉，挺直上半身。

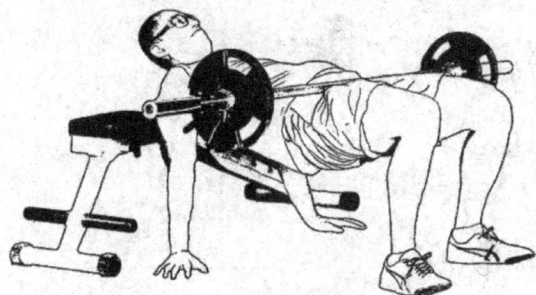

杠铃髋部抬起

- 坐在地上，背部靠在凳子或箱子上。
- 将杠铃放在骨盆下方靠近大腿处。
- 收紧腿部肌肉，让髋部向上运动。
- 变形：双手交叉放在胸前再作尝试。

单腿髋部抬起

- 坐在地上，上背部靠在凳子或箱子上。将杠铃放在骨盆处。
- 抬起一只脚，用另一条腿保持平衡。
- 收紧躯干肌肉，用抬起的腿发力，向上方抬起髋部和杠铃。
- 让躯干与地面平行，尽量伸展髋部，收紧臀部。
- 降低高度回到坐姿，每侧重复若干次，再练习对侧。

杠铃提踵

- 将杠铃放在上背部和肩部。
- 站立时双脚与肩同宽。
- 收紧小腿肌肉，用脚趾支撑身体。
- 尽量抬高身体，然后慢慢站起。

杠铃蹲跳

- 将杠铃置于肩部。
- 降低身体成半蹲姿势，然后向上跳起离开地面。
- 轻柔落地，用双腿吸收冲击力。

高拉

- 站姿，双脚与肩同宽。
- 身体前倾，将杠铃提起至大腿下方的高度。
- 收紧后背与腿部肌肉，然后猛力驱动髋部向前。
- 在站起的同时，将哑铃推到肩部高度。
- 不要尝试分阶段举哑铃，这是一个流畅的完整动作。

高翻

- 髋部前倾，抓起地板上的哑铃。
- 背部弯曲，保持脊柱的正常形态。
- 向上方快速发力，站起，同时将哑铃向上推到肩部高度。
- 在动作的最后举起肘关节。
- 变形：蹲下，先将杠铃杆举到齐肩位置，然后再站起（蹲举）。

肌肉悬吊抓举

- 用"抓举"宽度将杠铃提起至腰部。
- 身体前倾，将杠铃放低至膝盖高度。
- 站起，并将杠铃举过头顶，整个动作一气呵成。
- 完成时要固定髋部，手臂在身体上方完全展开。

抓举

- 向前倾身，从地上抓起杠铃。

- 收紧后背肌肉，保持脊柱正常形态。

- 用一个流畅的爆发力动作，蹲下同时将杠铃向
  上举过头顶。

- 将杠铃保持在头顶，站起来。

单臂抓举

- 站在杠铃后方，双脚分开与肩同宽。

- 降低身体高度，单手抓住杠铃杆的中部。

- 降低髋部高度，然后用爆发力将杠铃举起至头
  顶上方。

- 完全伸直手臂，然后站起。

提铃上举

- 与高翻的起始动作类似。

- 在将杠铃举到肩部高度时，继续将它举过头顶。

- 完成时保持髋关节固定，挺胸抬头。

弓箭步挺举

- 将杠铃举起在肩部前方。
- 稍稍下蹲，然后靠爆发力挺起身体，一脚向前，一脚向后，做弓箭步动作。
- 将杠铃举过头顶，同时挺胸。
- 双脚并拢，用挺拔站姿将杠铃保持在头顶。

下蹲推举

- 将杠铃保持在肩部前方。
- 稍稍蹲下，用爆发力站起，将杠铃举过头顶。
- 结束时锁紧双臂，抬头挺胸。

杠铃波比跳

- 俯卧撑预备姿势趴下，双手握住杠铃杆。
- 跳起来成深蹲姿势，将杠铃举起到肩部高度。
- 站起，将杠铃向正上方举起。

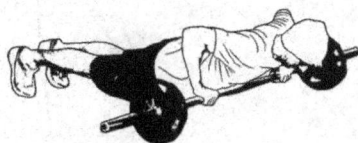

蹲推

- 从杠铃的一端卸下全部杠铃片，把这一端顶在墙角等不会滑动的地方。
- 双手在胸部高度握住带杠铃片的一端。
- 深蹲。
- 依靠爆发力站起，把杠铃向上推向远离身体的位置。

相扑硬拉高举

- 起始姿势与相扑深蹲相同。
- 用窄握将杠铃从地上提起。
- 收紧腿部肌肉，站起来。
- 用一个快速动作迅速提起杠铃。
- 固定髋部，将手的位置保持在下颌高度，完成动作。

单臂蹲推

- 起始动作与蹲推相同，但是只用一侧手臂。
- 将肘关节贴近身体。
- 充分伸展手臂和髋部，完成动作。

俯身划船

- 身体前倾，将杠铃保持在膝盖高度。
- 收紧背部肌肉，保持脊柱的正常弯曲度。
- 将杠铃提至胸部高度。
- 慢慢放低杠铃，回到起始位置。

长杆划船

- 从杠铃的一端卸下全部杠铃片，把这
  一端顶在墙角等不会滑动的地方。
- 身体前倾，骑在杠铃杆上。
- 在有杠铃片一端的下方，握住杠铃杆。
- 将杠铃提起到胸部位置。

单臂长杆划船

- 起始姿势为长杆划船姿势。
- 单臂握住有杠铃片的一端。
- 另一条手臂放在大腿上作为支撑。
- 单臂将杠铃提起至胸部。

反手前倾划船

- 站姿，双脚与肩同宽，手掌向上，将
  哑铃保持在大腿上方的高度。
- 向前弯腰，保持脊背平直，双臂向地
  面伸展。
- 收紧身体中部的肌肉，将杠铃向胸部
  拉起，越高越好。
- 放下杠铃，继续重复几次划船动作。

直立划船

- 双脚与肩同宽站立。
- 用中等或窄宽度抓握，将杠铃保持在大腿高度。
- 用一个连贯动作将杠铃提起至下颌位置。

杠铃肱二头肌弯举

- 手掌向上，将杠铃举起至大腿高度。
- 收紧肱二头肌，将杠铃举起至锁骨高度。
- 身体不要前后倾斜，将动作限制在双臂肘关节。
- 慢慢放下杠铃，回到起始姿势。

杠铃耸肩

- 双脚与肩同宽，将杠铃举起至大腿高度。
- 收紧上背部肌肉，将肩部向着耳朵提升，并提升杠铃。
- 双肩不要前后移动。
- 放松肩部，将杠铃放低至大腿高度。

杠铃手腕弯举（背后）

- 双手手掌远离身体,将杠铃保持在背后。
- 收紧前臂肌肉,向上弯曲腕关节。
- 尽量抬高指关节,然后向着相反方向做动作。
- 变形:尝试掌心向前,位于身体前方的手腕弯曲。

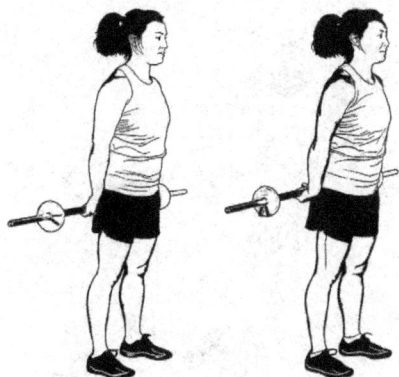

杠铃反向手腕弯举

- 跪在地上,将两只前臂放在凳子上。
- 双手手掌朝向地面,握住杠铃。
- 收紧前臂肌肉,伸直两侧腕关节,将杠铃举起。
- 将动作限制在腕关节。在做反向动作前,尽量举高杠铃。

杠铃三头肌伸展

- 平躺在凳子上,伸直双臂将杠铃举到胸部上方。
- 肘关节弯曲,让杠铃降低到头部上方。
- 双臂肘关节指向天花板。
- 伸直肘关节,将杠铃举起至胸前。
- 变形:尝试躺在地上做这项运动。

凳子推举

- 躺在凳子上,将杠铃举在胸部上方。
- 将杠铃放低到胸部位置。
- 收紧躯干和身体下方的肌肉,双脚踩稳地面。
- 再次将杠铃推向天花板。

窄握推举

- 仰卧在凳子上，双手之间保持几厘米的距离，将杠铃举起在胸部上方。
- 收紧躯干肌肉，将杠铃降低至胸前，肘关节不要外展。
- 双手将杠铃举起到身体上方，回到起始姿势。

杠铃杆胸部推举

- 仰卧，让杠铃位于身体一侧。
- 在杠铃接近头部的一端保留想要的杠铃片重量，远端放在地上。
- 用一只手从杠铃杆下方接近杠铃片处握住杠铃，举起重量。
- 完全伸直手臂，肘关节不要向外倾斜。
- 如果杠铃杆在地上滑动，将它的远端顶在墙角或其他坚固的物体上。

杠铃地板推举

- 仰卧在地上，起始动作与凳子推举相同。
- 不要抬起骨盆。
- 注意不要让肘关节突然碰到地面。

杠铃倾斜推举

- 坐在上斜的凳子上，将杠铃举起在胸部上方。
- 向正上方举起杠铃,然后把它降低到锁骨的位置。
- 在举起、放下杠铃的过程中，不要让肘关节向外倾斜。

向前推举

- 站姿，双脚与肩同宽。
- 将杠铃举起至胸部高度。
- 向前推杠铃，直到双臂伸直。
- 将杠铃拉回到胸部。

杠铃肩部推举

- 站姿，双脚与肩同宽。
- 将杠铃举起至胸部上方和肩部高度。
- 向正上方推举杠铃。
- 肘关节不要过分向外旋转。
- 将杠铃放低至胸部高度。

头部后方推举

- 双手举杠铃至头部后方，背部上方，双手靠近肩部。
- 收紧髋部肌肉与核心肌群，将杠铃举过头顶。
- 双臂完全伸直，再将杠铃降低至头部后方，回到肩部位置。

平坐推举

- 坐在地上，双腿伸直，双脚与肩同宽。
- 双手举起杠铃至肩部前方。
- 收紧身体中部肌肉，双臂发力将杠铃举过头顶。
- 保持躯干垂直于地面，不要让肘关节过度向外倾斜。
- 将杠铃降低至胸部位置，重复该动作。

坐姿杠铃肩部推举

- 坐在凳子或箱子上，进行肩部推举。
- 保持躯干肌肉收紧，限制脊柱的任何移动。
- 双臂固定，将杠铃完全举过头顶，再放下杠铃。

醉汉推举

- 类似于前举杠铃的下蹲姿势，深蹲，将杠铃举至胸部上方高度。
- 将杠铃向上举起，手臂完全固定在头顶上方。
- 保持深蹲姿势，将杠铃放回至起始位置。

标枪推举

- 单手将杠铃举在肩部高度，就像投掷标枪那样。
- 向上举起杠铃，完全伸直肘关节，向后向下拉动肩胛骨。
- 通过腰部肌肉的控制，避免杠铃的晃动。

杠杆推举

- 双脚与肩同宽，将杠铃举起至胸部高度，一只手握住杠铃杆中部，另一只手握住卸下杠铃片的一端。
- 杠铃的一端安装重量，并且靠近握住杠铃杆中部的手。
- 远端手臂伸直，举高另一只手，向上举起杠铃。
- 保持杠铃的一端固定，重复举杠铃杆的动作，将另一端尽量举高。

跷跷板推举

- 站立，双脚与肩同宽，水平举起杠铃至胸部和肩部位置。
- 举起一只手，另一只手依旧保持在肩部前方。
- 将上方手放下，同时将下方手举高。
- 轮换进行推举动作，让杠铃像跷跷板那样运动。

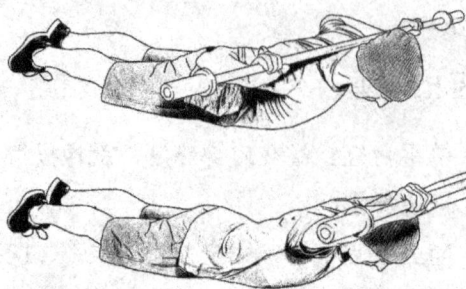

俯卧肩部推举

- 俯卧，将一个轻的杠铃举到肩部。
- 躯干肌肉发力，将锁骨以上部位从地上抬起，保持头部的中立位置。
- 将杠铃推送到头部前方，直到肘关节在身体前方完全伸直。
- 双手离地，将杠铃送回到肩部位置。重复该动作。

过头举杠铃

- 双脚前后打开或与肩同宽站立。
- 握住杠铃，使之处于大腿上方高度。
- 收紧上背部肌肉，将杠铃向上举起。
- 保持手臂伸直，用弧形动作将杠铃举过头顶。
- 再用流畅的弧形动作放下杠铃。

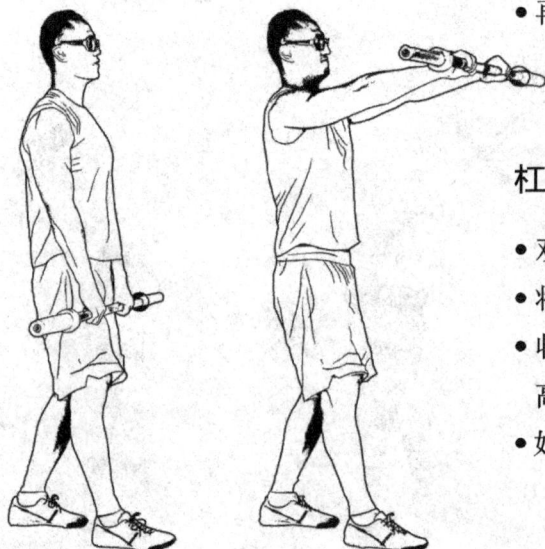

杠铃前举

- 双脚前后分开 20~30 厘米。
- 将杠铃保持在大腿上方高度。
- 收紧上背部肌肉，将杠铃举起至胸部高度。
- 始终保持双臂伸直，再将杠铃慢慢放下。

前方架式搬运

- 将杠铃举起至肩部锁骨前方的位置。
- 用手指将杠铃杆保持在正确位置，向上抬起肘关节，注意不要让关节外翻。
- 躯干肌肉发力，开始用架式动作举着杠铃行走。

搬运

- 弯曲肘关节，双手贴近面部，将杠铃保持在臂弯位置。
- 不要让杠铃靠近腹部，收紧躯干肌肉，开始向前走。
- 上半身保持端正姿势，举着杠铃走一段距离。

杠铃过头行走

- 双臂完全伸直，将杠铃举过头顶。
- 收紧腹肌向前行走。
- 在走动时，保持杠铃在头部正上方。

跪姿推拉杠铃

- 跪姿，握住位于身体前方的杠铃。
- 收紧腹肌，向前方推动杠铃。
- 在杠铃向前滚动时，让腹部靠近地面。
- 在身体几乎完全伸展时，反向做上述动作。

半月式

- 从杠铃的一端拆卸所有的杠铃片。
- 将没有杠铃片的一端顶在墙壁上，握住有杠铃片的一端。
- 稍稍下蹲，旋转躯干，将杠铃放低到身体的一侧。
- 站起，换身体的另一侧重复动作。

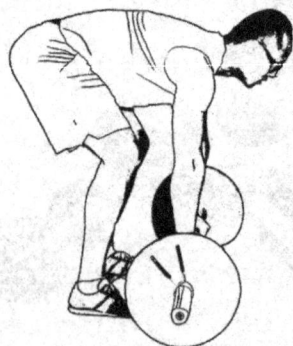

站姿推拉杠铃

- 双脚与肩同宽，向前弯腰。
- 双手抓住地上的杠铃。
- 收紧腹肌，向前推动杠铃。
- 在向前滚动杠铃时，让身体降低至接近地面。
- 往回滚动杠铃，回到起始位置。

杠铃侧向屈体

- 将杠铃举起至背部上方与
  肩部位置。
- 收紧腹肌，将杠铃的一端
  指向地面。
- 躯干用力，将杠铃举起，
  回到起始位置。
- 在身体对侧重复动作。

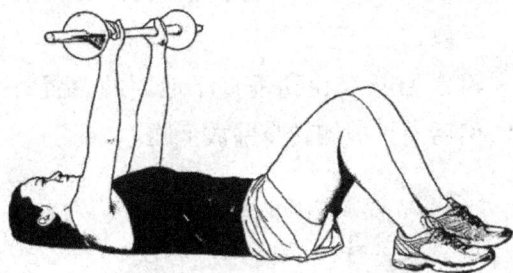

坐式举杠铃

- 仰卧，弯曲膝部，将杠铃放在胸
  部上方。
- 在坐起时，向上举杠铃。
- 在整个动作中保持双臂完全伸展。

举杠铃抬腿

- 仰卧，双腿伸直，将杠铃举起到胸部上方。
- 收紧腹肌，向着杠铃的方向抬起双腿。
- 在整个动作过程中保持双臂伸直。
- 慢慢放下腿，不要让后背弯曲。

仰卧举杠铃转身

- 仰卧，将杠铃举起至胸部正上方。
- 抬起双腿至垂直于地面。
- 收紧腹肌，让双腿降低，转向身体的一侧。
- 再次抬起双腿到垂直于地面的位置，然后向另一侧转身并放低腿。

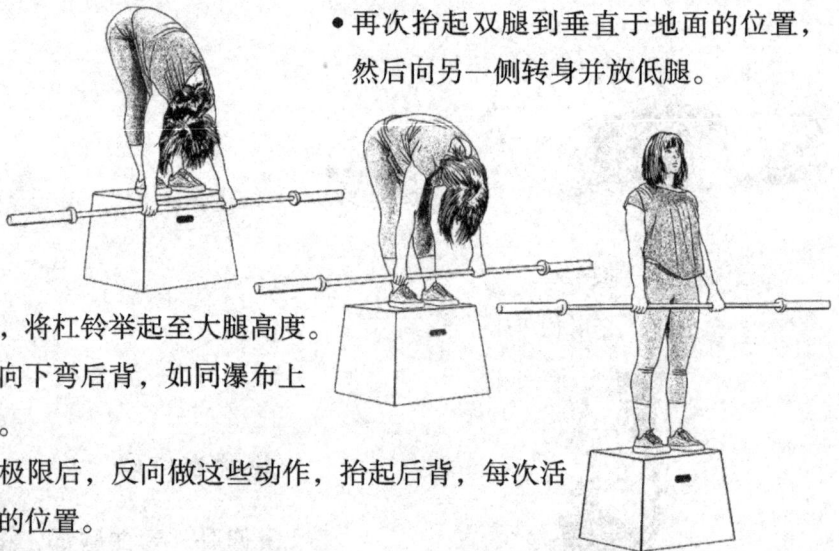

杰弗逊弯举

- 站在箱子上，将杠铃举起至大腿高度。
- 收回下颌，向下弯后背，如同瀑布上的流水那样。
- 在到达生理极限后，反向做这些动作，抬起后背，每次活动一截椎骨的位置。
- 站起，用髋部固定身体。
- 注意后背的动作，必须是渐进完成的，先从较轻的重量开始，再尝试使用标准杠铃。

土耳其式举杠铃站起

- 平躺，将杠铃放在一侧肩部。

- 用最靠近杠铃的那只手握住它。

- 抬起举杠铃手同侧腿的膝部，脚向同侧腿部移动，向正上方举起杠铃。

- 用不举哑铃的手支撑躯干离开地面，躯干挺直，将杠铃举过头顶。

- 伸直的手臂继续举着哑铃，让髋部离开地面。

- 伸直的腿弯曲，置于身体下方，用膝盖支撑身体。

- 手臂离开地面，胸部抬起，垂直于地面，成单腿下跪姿势。

- 保持将杠铃举过头顶，完全站起。

- 按照相反的顺序做动作，回到起始姿势。

第 5 章　壶铃训练

除非你 10 年不知世事，不然我确定你一定在健身房、电视节目或体育用品店里见过壶铃。这种源自俄罗斯的健身工具被描述为"有把手的大炮铃"，就是一块圆形铸铁，顶部安装了把手。壶铃有不同的尺寸和重量，风靡整个健身界。

壶铃为什么是杀手级的健身用品？

- 多功能：除了能用来完成几乎所有的哑铃动作外，你还可以用壶铃替代药球和杠铃片。

- 稳定性：壶铃的重量集中在把手下方，你在举起壶铃时，要求动作必须更加稳定。

- 抓握：壶铃的独特形状，让它可以更方便地用于各种用哑铃难以完成（或是危险）的训练场景。试试在双腿间用双手传递 20 多千克的哑铃，太麻烦了。

- 心率：以摆动或抓举等方式使用壶铃进行次最大强度重复训练，能够非常有效地刺激心肌。此外，它能调动更多肌肉，训练强度也更大。

如果你开始建设家庭健身房，我推荐配置两个壶铃。一个轻些可以用于完成 20~30 次的挥舞等训练，另一个的质量要多 4~8 千克，用于更严肃的力量训练。

在学习壶铃技术前，我们先看看架式姿势，指举起壶铃的一种常见方法，也就是将壶铃放在肩部附近。这一姿势非常稳定，并能引出许多改进姿势，应该用腰部外侧去支撑重量，将肘关节收在肋骨附近，并且不要弯腰。

享受本章中的 78 个壶铃动作吧，注意，这些练习很容易上瘾。

单臂挥舞壶铃

- 基本动作与双臂挥舞壶铃相同，只是用单臂完成。
- 尝试将壶铃的运动轨迹保持在身体中线附近。
- 在壶铃上下运动时，注意不要碰伤腿。

挥舞壶铃

- 半蹲，双脚距离略比肩宽。
- 用双手向上挥舞壶铃，靠爆发力站起，髋部向前移动。
- 当壶铃到达头部高度时停下，蹲下回到起始位置。
- 在挥舞壶铃的过程中保持手臂近乎伸直。

换手挥舞

- 单手挥舞壶铃，让壶铃到达胸部高度。
- 在壶铃到达最高点时松手，用另一只手抓住它的把手。
- 顺势让壶铃下降至两腿之间，然后重复向上挥舞至肩部高度。
- 在壶铃到达最高点时交换双手。

挥舞双壶铃

- 站立，双脚距离比肩略宽，双手各持
  一个壶铃，放在骨盆高度。
- 身体自髋部前倾，将两个壶铃置于双
  腿之间，保持脊柱平直。
- 躯干肌肉发力，按照相反动作顺序，
  髋部向前移动，向上挥舞壶铃。
- 挺胸，先将壶铃挥舞到至少肩部高度，
  再挥舞到双腿之间。

水平挥舞壶铃

- 单手持壶铃，身体自腰部前倾。
- 将壶铃向身体外侧挥舞，同时挺直上半身。
- 在壶铃到达肩部高度时，开始反向动作，
  向地板方向挥舞壶铃。
- 再次让躯干前倾，向另一侧旋转。
- 注意不要让壶铃砸到腿。

美式挥舞

- 双脚比肩略宽站立，双手持一个壶铃。
- 膝盖伸直，身体自髋部前倾，在双腿之间
  挥舞壶铃。
- 髋部肌肉快速发力，向相反方向挥舞壶铃，
  挺胸，手臂向正上方运动。
- 向上挥舞壶铃，直到它到达头部正上方。
- 以在双腿间挥舞壶铃作为结束动作。

壶铃酒杯深蹲

- 双手抓住壶铃的把手，举起至胸部正中高度。
- 深蹲姿势，保持腰椎正常弯曲度，让躯干尽量向下。
- 从脚跟到脚趾，让双脚发力，扎实地踩在地面上。

单壶铃向前深蹲

- 单手用架式动作将壶铃举起至一侧肩部。
- 深蹲，保持肘关节高举。
- 躯干与核心肌肉发力，避免旋转。

壶铃向前深蹲

- 双手用架式动作各举起一个壶铃到达肩部高度。
- 下蹲，将两侧肘关节抬起。
- 增加难度：用两个重量不等的壶铃进行不对称的动作练习。

壶铃弓箭步深蹲

- 双脚前后分开站立, 双腿均匀承担体重。
- 在身体两侧分别提起一只壶铃到大腿高度。
- 双膝弯曲, 成弓箭步深蹲姿势。
- 变形: 尝试用前方或后方的脚踩在一个小箱子或是一级台阶上。

壶铃踮脚深蹲

- 双手用架式动作将两个壶铃置于胸部高度。
- 深蹲姿势, 双脚脚跟离地。
- 用脚趾保持平衡, 站起然后再次蹲下。

壶铃过头深蹲

- 将两个壶铃举过头顶, 双臂伸直且肩部后展。
- 深蹲, 尽量降低躯干高度, 不要失去平衡, 同时保持腰椎的正常弯曲度。
- 在整个过程中, 将双臂举起过头顶。

壶铃硬拉

- 双脚置于壶铃两侧。
- 弯曲膝盖和髋部，用双手抓住壶铃的把手。
- 脊柱周围肌肉发力，挺起胸部。
- 伸直膝盖，髋部前移站立，将壶铃从地上提起来。

干杯深蹲

- 用干杯姿势，将两个壶铃举起至肩部位置。
- 蹲下，让两个壶铃的底部向上并保持平衡。
- 站起来，重复该动作。

壶铃手提箱硬拉

- 用单手抓住放置在身体一侧的壶铃的把手。
- 按照基本硬拉的动作，伸直手臂，将壶铃提起至大腿外侧。
- 不要改变腰椎的正常弯曲度。

单腿壶铃罗马尼亚硬拉

- 单腿保持平衡，双手抓住一个壶铃的把手，将它提起并放到身体前方。
- 从腰部开始前倾，从地上提起壶铃，并将它放下。
- 尽量保持膝盖和后背伸直。

壶铃手枪深蹲

- 一条腿在身体前方抬起，双手把一个壶铃放在胸前。
- 让前方的脚离开地面，同时单腿下蹲。
- 如有需要，将壶铃平举至身体前方来辅助平衡。

壶铃反向弓箭步

- 双手将壶铃举起至胸前。
- 一条腿向后迈步，成反向弓箭步。
- 前方腿伸直，后方腿用力站起。
- 变形：双腿交替练习，或是在一侧练习若干次后再更换至另一侧练习。

壶铃早安式

- 双手将一个壶铃举起至双肩之间的正后方。
- 身体从腰部开始前倾，成鞠躬动作。
- 保持后背挺直，双膝可以稍稍弯曲。
- 髋部前移，将背部挺起并站起。

跪下站起

- 双膝着地，将一个壶铃举在胸前。
- 将一只脚放在身体前方，站起来。
- 按照相反的顺序再次跪下。

土耳其站立

- 仰卧，将壶铃放在肩部。
- 将壶铃向正上方举起，同时弯曲同侧的膝盖。
- 用另一侧手支撑身体坐起来。
- 将伸直的腿放在身后，成单腿跪姿。
- 前方腿发力站起，在整个动作中始终举起壶铃。
- 按照相反的顺序再次跪下。

135

从躺到坐

- 土耳其站立动作的一半，将壶铃举起至头部正上方。
- 抬起身体至坐姿，然后再回到地面。
- 尽量减少支撑手臂的用力，更强调腹肌发力。

单臂拉壶铃

- 身体向前倾斜，从地上提起一个放在身体前方的壶铃。
- 在提起壶铃时，双腿伸直，髋部前移。
- 用架式动作举起壶铃至肩部。

侍者搬运

- 将一个壶铃举过头顶，肘关节伸直，肩胛骨向后移动。
- 在举着壶铃前后走动时，保持躯干肌肉收紧和姿势端正。

干杯搬运

- 将壶铃底部朝上举过头顶。
- 在行走时，保持手臂伸直，用干杯姿势手持壶铃。
- 躯干和手臂肌肉发力，不要让肩部碰触耳朵。

抓举壶铃

- 与单手举壶铃的起始姿势
  类似。
- 用爆发力站起来，同时将
  壶铃直接举过头顶。
- 在伸直膝盖与髋关节时，
  伸直肘关节。
- 变形：用挥舞姿势与提拉
  姿势将壶铃举过头顶。

公文包搬运

- 双脚站在壶铃的同侧。
- 降低身体，单手抓住壶
  铃的把手，站起并将壶
  铃提起至大腿一侧。
- 保持胸部挺拔，像提
  着公文包一样提着壶
  铃向前行走。

曲臂干杯搬运

- 让壶铃底部向上，举起
  至胸部上方。
- 举壶铃的手臂位于身体
  正前方，肘关节弯曲。
- 在向前走的同时，躯干
  与肩部肌肉收紧发力，
  保持壶铃底部向上。

双手举壶铃蹲起

- 用架式动作将两个杠铃举起至肩部。
- 蹲下，用爆发力站起，并将壶铃向正上方举起。
- 在结束时，双臂与双膝伸直，然后再次蹲下，
  重复该动作。

风车

- 双脚与肩同宽站立，一只脚向外旋转 90 度，另一只脚的脚尖指向前方。
- 用指向前方脚的同侧手臂，将壶铃举过头顶。
- 身体从腰部开始侧向前倾，直到不持壶铃的手可以触摸到外旋 90 度的脚。
- 始终将壶铃举过头顶。
- 站起。

低位风车

- 双脚位置与风车动作起始姿势相同。
- 单手持壶铃，置于向外旋转脚一侧的大腿附近。
- 另一只手举过头顶。
- 身体从腰部开始前倾，将壶铃放低。
- 保持躯干伸直，保持脊柱的正常形态。
- 站起。

双风车

- 执行基本的风车动作，但是双手各持一个壶铃。
- 始终保持躯干肌肉与腹肌用力。

卧姿单臂举壶铃

- 仰卧，姿势类似于土耳其站立，将壶铃举过头，同时单膝弯曲。
- 向不举壶铃的手臂一侧倾斜，同时保持将壶铃向上举起。
- 在将壶铃举起的同时，收紧肩胛骨。

壶铃头部绕圈

- 双手持壶铃，置于头部高度。
- 用绕圈动作让壶铃围绕头部转动。

壶铃腰部绕圈

- 单手抓住壶铃的把手，向身体后方移动。
- 不抓壶铃的手也向后移动，在身体后方抓住壶铃。
- 换手，让壶铃围绕腰部转圈。

8 字壶铃

- 半蹲，双腿分开约两倍肩宽。
- 单手持壶铃，在双腿之间
  挥舞。
- 在身体对侧，用不持壶铃的
  手抓住壶铃把手。
- 让壶铃以数字 8 为轨迹围绕
  膝盖运动。

壶铃过头推举

- 双手将壶铃举至锁骨高度。
- 再将壶铃举起至头部正上方。
- 双臂肘关节伸直，然后回到起始动作。

干杯推举

- 用干杯动作持握壶铃，放在肩部高度。
- 收紧身体中部肌肉，将壶铃底部朝上
  举过头顶。
- 完全伸直肘关节，再将壶铃降低到起
  始位置。

俯身推举

- 双脚与肩同宽站立，将壶铃放在一侧肩部。
- 向壶铃的一侧旋转胸部，身体自腰部前倾，髋部向后移动。
- 在降低胸部的同时，完全伸直持握壶铃的手臂。
- 当壶铃位于身体正上方时，站起，并保持伸直手臂向正上方举起壶铃。

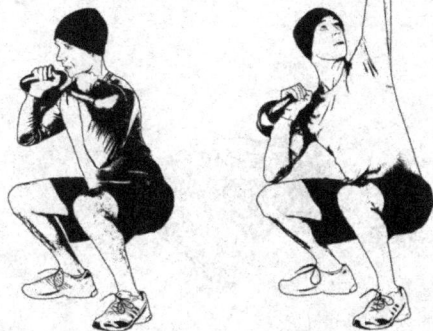

壶铃肩部推举

- 使用架式动作，将一个壶铃举起至一侧肩部。
- 用基本的肩部推举动作将壶铃举过头顶。

双臂交替推举

- 蹲下，将两个壶铃分别举起至双肩位置。
- 将一个壶铃向正上方举起，身体向同一侧旋转。
- 放下壶铃，在身体另一侧重复动作。

壶铃站姿划船

- 双手握住壶铃的把手，放在骨盆前方。
- 向下颌处举起壶铃。
- 不要让肘关节抬得过高。

干杯式曲臂

- 单手举起一个壶铃，手掌对着大腿。
- 攥紧壶铃的把手，用核心肌群发力，举起手中的壶铃到肩部高度。
- 向上弯曲肘关节，举起壶铃，保持腕关节伸直，让壶铃的底部朝向天空。
- 放松肘关节，将壶铃放回到起始位置。

平板拖拽壶铃

- 平板支撑动作，用双手和双脚支撑身体，身体成一条直线。
- 将壶铃放在身体一侧，大约是肋骨附近的位置。
- 用身体对侧的手从腹部下方抓住壶铃。
- 从身体下方横向拖拽壶铃，直到它到达躯干对侧。
- 回到平板支撑动作，对侧的手经过身体下方，重复上述动作。

壶铃下蹲推举

- 用架式动作将壶铃置于肩部高度。
- 微微下蹲，然后用爆发力站起，将壶铃举到头顶正上方。
- 再将壶铃降低到肩部高度，重复动作。

壶铃侧向推举

- 将壶铃置于一侧肩部，躯干向另一侧的腿倾斜。
- 用不持壶铃的手放在大腿上作为支撑。
- 将壶铃举起至头顶正上方。
- 变形：将一侧身体支撑在地面或是凳子上尝试执行该动作。

双臂举壶铃过头

- 将两个壶铃举过头。
- 慢慢将壶铃放低。
- 当手与肩部在同一高度时停下。
- 再次将壶铃举过头，保持双臂伸直，在身体两侧运动。
- 保持肩胛骨向后向下运动。

双壶铃划船

- 双手各拿一个壶铃，身体自腰部前倾，保持背部平直。
- 将壶铃提起至胸部。
- 将两侧肩胛骨向中间并拢。

壶铃推举卷腹

- 仰卧，双膝弯曲。
- 将一个壶铃举起置于胸前，双臂肘关节伸直。
- 收紧腹肌，做卷腹动作，同时高举壶铃。
- 增加难度：将壶铃放在胸部，在每次卷腹动作后，完成一次胸部推举，将它举高。

单壶铃俯身划船

- 与壶铃两侧划船的基本动作类似，但是只使用一个壶铃。
- 将持壶铃手一侧的腿向后迈一步，增加稳定性。
- 将不持壶铃的手放在大腿上以支撑身体。
- 注意肘关节不要向外凸出。

壶铃熊爬

- 用四肢支撑身体。
- 抓住两个壶铃放在肩部下方。
- 用手臂带动身体向前移动，让壶铃每次前移 20~30 厘米。
- 腿部前移，像熊一样爬行。

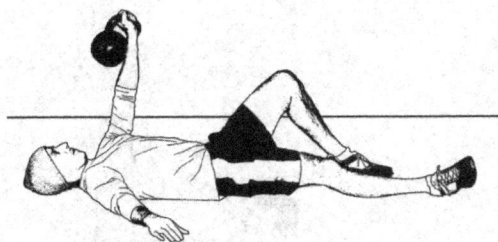

壶铃转体卷腹

- 仰卧，一条腿屈膝，用同侧手将壶铃举过头顶。
- 收紧腹肌，让上背部离开地面。
- 尽量向上举高壶铃，允许躯干旋转。
- 用另一只手保持平衡。

壶铃俄罗斯旋转

- 坐在地上，双腿稍稍屈膝。
- 将壶铃举起至胸部位置。
- 向两侧转身，用腹肌力量来转动躯干。
- 增加难度：双脚离开地面。

提拉壶铃俯卧撑

- 趴在地上，呈俯卧撑预备姿势，双手各持一个壶铃，并让壶铃位于肩部正下方。
- 将一个壶铃提起至胸部位置，然后把它放在地板上。
- 做一个俯卧撑，然后将第二个壶铃提起至胸部位置。

壶铃外推旋转

- 以分腿下蹲姿势开始，将壶铃举起在前方腿膝盖的正上方。
- 起身转体，并将壶铃举起至头顶正上方。
- 旋转身体回到起始动作。

壶铃弹道俯卧撑

- 俯卧撑预备姿势，一只手按在壶铃或其他物体上。
- 做一个俯卧撑，然后用爆发力向上推动身体，把壶铃换到另一只手上。
- 变形：将壶铃侧着放在地上，来获得更稳固的支撑。

印第安棍过头挥舞

- 站姿，将两个印第安棍置于大腿附近。
- 屈膝，身体从腰部向前倾斜，从后向前挥舞棍子。
- 站起，向前挥舞棍子，直到将棍子举过头顶。
- 颠倒上述动作的顺序，向后挥舞棍子。
- 重复动作，始终用臀部、身体中部和肩部肌肉发力。

侧面举印第安棍

- 双手各拿一个印第安棍，放在大腿附近。
- 向身体两侧举起棍子，直到举过头顶上方。
- 回到起始位置，然后重复。
- 保持胸部挺拔，让两侧肩胛骨彼此靠拢。

背后击打

- 双脚与肩同宽站立，双手各拿一个印第安棍。

- 每次举起一侧手臂，向前画圆，先过头顶，再经过身体后方。

- 在身体的另一侧重复动作，就像游泳时双臂轮流划水那样。

过头画圆

- 将两个印第安棍举过头顶，双臂伸直，让棍子的大头向上。

- 保持棍子的大头向上，向相反方向画圆。

- 不要让肩部靠近耳朵，尝试放松颈部。

- 在完成几次旋转后，变换方向。

印第安棍肩部旋转

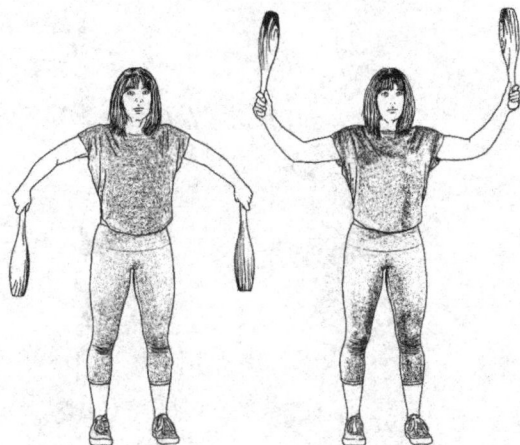

- 站立，双手各持一根印第安棍，双臂外展，肘关节成90度角。

- 以肩关节为轴，从下向上旋转印第安棍。

- 保持胸部挺拔，背部中段发力，来维持肩部的正确姿势。

印第安棍与铁十字

- 双脚与肩同宽站立，双手各拿一根印第安棍。

- 向上举起棍子，直到双臂指向天空且完全伸直，让棍子的大头向上。

- 随后，向外水平展开双臂，直到双臂与身体成 90 度角。

- 想象将棍子向两边分开，通过双拳向外拉长。

- 注意你的姿势，最后回到将棍子放在头部后方的起始姿势。

向前举印第安棍

- 双手各持一根印第安棍，置于胸部前方，让棍子的大头指向天空。

- 收紧身体中部的肌肉，向前方水平推棍子，直到双臂在身体前方完全伸直，并且棍子的底端高度与肩部平齐。

- 在整个动作过程中，保持棍子与地面垂直。

- 将棍子拉回胸前，重复动作。

肘关节攻击

- 双手握拳置于胸部前方，各持一根印第安棍，大头向上。

- 在身体前方抬起一侧肘关节，类似于肘击动作。

- 让棍子到达身体后方，继续抬起和活动肘关节，准备更有效的打击。

- 允许躯干旋转，来获得额外的推动力。

- 手回到起始姿势，换另一侧练习。

投掷挥舞

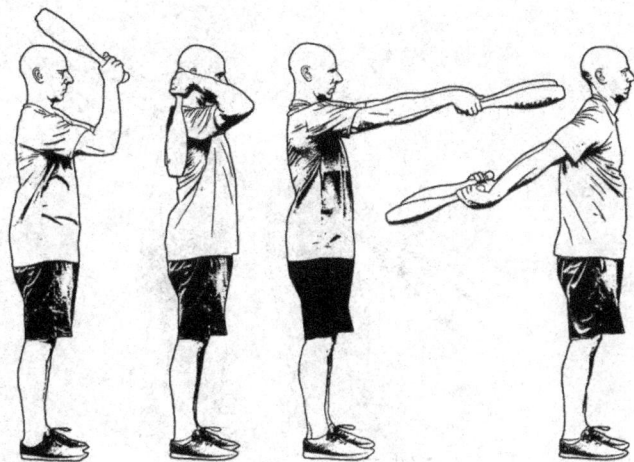

- 在开始时，将印第安棍放在大腿附近。
- 将棍子向前挥舞到头顶上方，然后弯曲肘关节，让手到达肩部后方。
- 伸直双臂，像扔钓鱼竿那样向前方甩棍子。
- 当双臂前平举时，继续向下挥舞，回到起始位置，准备重复下一次动作。

侧向投掷

- 将一个印第安棍举起至头部高度，在面部一侧握拳。
- 将棍子放在背后，然后向外侧旋转肘关节。
- 伸直手臂，像扔出钓鱼竿一样向一侧挥舞棍子。
- 手向下移动到身体旁边，在抬起至面部高度时，重复下一次动作。

俯冲挥舞

- 站立，双膝稍微弯曲，双手各持一个印第安棍。
- 从一侧肩部开始，从上至下，沿着身体对角线方向挥舞棍子。
- 手臂的动作轨迹类似于倒彩虹。

举起锤子

- 手掌向上，握住锤子，一只手靠近把手末端，另一只手在中间。
- 弯曲肘关节，让锤子向肩部移动。
- 当锤子到达胸部高度时，将它放低，回到起始位置。
- 增加难度：让锤子更加接近身体，移动抓握位置，使它的重量分布更均匀。

为什么要使用新工具?

聚沙成塔，我决定在这里插入一些使用印第安棍与锤子的动作。和壶铃一样，这两种器材对需要用到旋转动作的训练都有很大帮助。同时，还能塑造强壮的肩部和核心肌群。

现在，如果你看过印第安棍资深玩家的表演，就会想起一些复杂的肩部动作与训练方法。不过，这些训练方法可不是用简单说明就能表述清楚的。我在这里只介绍那些用几幅图就能描述的训练。巧的是，它们是我在训练时使用最频繁的。顺便一提，不要怕锤子，你可以用低成本的简单方法训练，带把手的老式锤子就是很好的替代品。

动态弯举

- 双脚与肩宽站立，双手拿着锤子，与地板平行。
- 让锤子与地面垂直，锤头向上，在锤子垂直于地面的时候交换双手。
- 重复该动作，让锤子在身体前方划半圆形轨迹。

锤子俯身划船

- 双手握住锤子，一只手放在把手的一头，另一只手放在中部。
- 从腰部开始向前方倾斜身体，双臂向地面方向伸直。
- 将锤子放在腹部以外。
- 收紧核心肌群，将锤子提起到肩部位置。
- 可将握住把手末端的那只手作为稳定器，在划船动作中，保持锤子的水平运动。
- 当锤子把手接近胸部时，将它放回到起始位置。

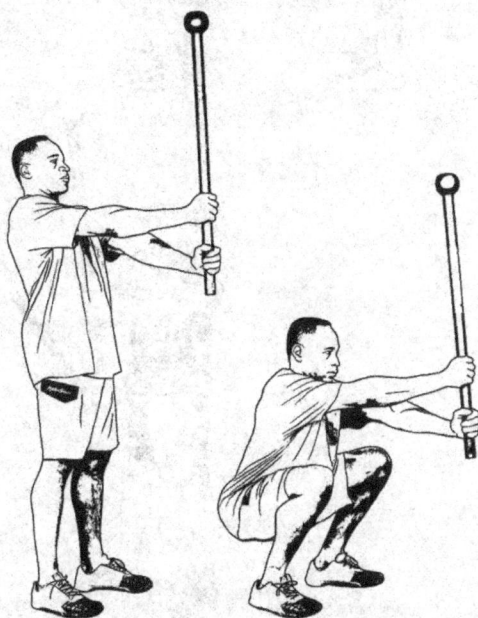

锤子深蹲

- 双脚与肩同宽站立，双手在胸前握住锤子，并让它垂直于地面。
- 双手向前推，双臂完全伸直。
- 保持锤子垂直于地面，下蹲。
- 保持举锤子的姿势并站起，让锤头向上。

野人深蹲

- 双脚与肩同宽站立,双手将锤子置于身体前方。
- 将锤子举过头顶,让锤头位于脊背后方。
- 在将锤子重新举起至身体前方时,下蹲,并尝试保持锤子垂直于地面。
- 站起,再次将锤子挥舞至头部后方,重复该动作。

360 度挥舞锤子

- 将锤子举起在身体前方,并使它垂直于地面。
- 举起双臂肘关节,将锤子举起至一侧肩部后方。
- 双手置于头部后方,从一侧肩部向另一侧肩部挥舞锤子。
- 高举双臂肘关节,但是不要使肋骨向上运动。
- 双手回到胸前,结束 360 度的动作。

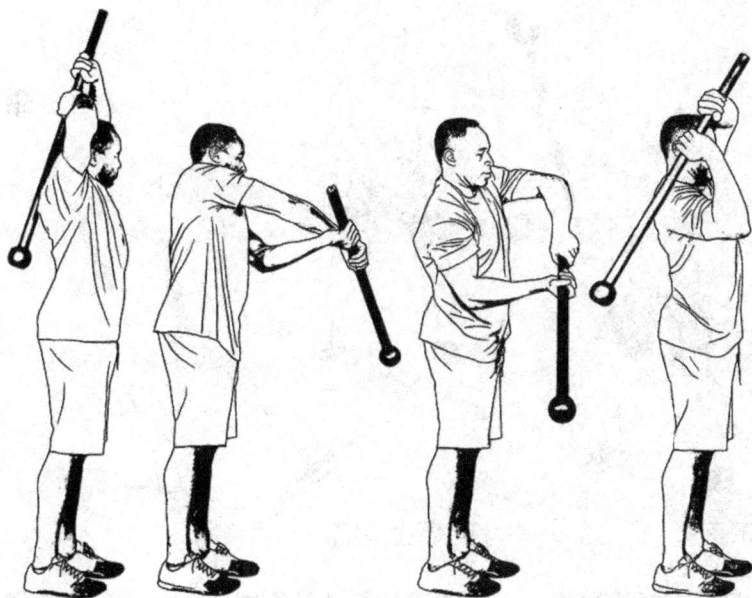

锤子画圆

- 挺直站立，双手在身体前方举起锤子，锤头向上。
- 将锤子向后挥舞，画一个大弧形，依次经过一侧肩部后方、头部后方以及另一侧肩部。
- 继续在身体前方挥舞锤子，让它围绕身体画出一个大圆圈。
- 想象挥舞锤子击倒周围的攻击者。

锤子格斗弓箭步

- 站姿，双手在身体侧面拿着锤子，让锤头向前。
- 向前迈出一步，成弓箭步。
- 向前推锤子，如同用长矛或剑冲刺。
- 保持锤子沿着直线运动，尝试减少垂直方向或侧向的运动。
- 回到起始位置，将锤头置于一侧肩部。

反向弓箭步与上勾拳

- 双手握住锤子,一只手在锤头附近,手掌向上。
- 接近锤子的腿向后迈一步,成反向弓箭步。
- 在向后迈步、保持双脚与肩同宽以及平均分担体重的时候,像执行上勾拳动作那样挥舞锤子,并向前迈步。
- 当举起锤子到最高高度后,回到反向弓箭步的姿势,让锤子靠近后方的腿。

支点上勾拳

- 双手举起锤子至腰部前方,一只手靠近锤头,手掌向上。
- 用靠近锤子把手一侧的腿作为支点,依靠另一只脚转动身体 180 度。
- 向上挥舞锤子,手掌向上的手位置高于另一只手,直到锤子与地面垂直。
- 回到起始动作,准备重复。

锤子推举

- 双手靠近胸部,手掌向下,握住锤子。
- 将锤子把手举过头顶,直到双臂伸直,双手位于肩部正上方。
- 尝试让锤子保持水平,然后放下锤子至起始姿势。

第6章 复合训练

想象一下这些情景：在玩躲球游戏时卧倒，防止被对方击中；将沉重的箱子举起到柜子上方的架子上；在激流中划独木舟。

当你想象自己置身于这些情景中的时候，移动肢体会是怎样的感觉？

你是专注于单个动作，还是考虑同时快速完成多个动作？

在生活与运动中，只需要单一动作的场合不多。很多场景也不会要求我们只使用身体的某一部分、某个关节或者某块肌肉。动作都是全身性的。

你的训练应该体现这一点。

本章中的 66 个训练动作是挑战全身的复杂动作，老实说，本章如同一个练习锦囊。通俗地说就是这些动作都需要身体多个部位参与，要求你完成多个动作时具有高度的协调性。许多插图也出现在前文的各章中，不过，需要使用哑铃、药球、沙袋等物品。

你在尝试一些动作时，也许会觉得尴尬。不过，这就是它们的意义，生活和运动中本来就充满了尴尬。当你即将力所不及时，你就会失去平衡。你要征服这些常见的动作组合。

更换职业成为河流漂流向导，或是在自家农场捆扎干草或是应对牲畜，你就能体会到本章中的动作是如何应用于日常生活场景的了。这些复杂动作能让你成为更全面的运动员。

说得够多了。

要么练习复杂动作，要么放弃。

单臂过头深蹲

- 用一只手臂将一个哑铃举过头顶。
- 保持手臂举起，同时深蹲。
- 弓起背部，维持脊椎正常弯曲度。
- 保持举哑铃过头顶的姿势站起。

阿特拉斯深蹲

- 用一只手的手掌托起药球，手臂举过头顶。
- 蹲下，让身体向举起手臂的一侧旋转。
- 保持举着球的姿势，站起。

杠铃片过头深蹲

- 双脚与肩同宽，将杠铃片举过头顶。
- 双手位于肩部正上方，放松颈部，下蹲。
- 在身体活动性范围内尽量向下蹲，保持双臂举过头顶。
- 回到起始姿势，始终让杠铃片位于头顶正上方。

哑铃过头深蹲

- 将两个哑铃举起至头顶正上方。
- 下蹲至深蹲姿势。
- 躯干肌肉发力，保持脊柱的正常弯曲度。
- 在站起时，保持手臂上举。

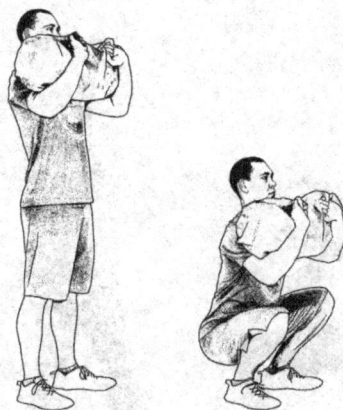

抱沙袋深蹲

- 双脚与肩同宽站立，双手在胸前抱起沙袋。
- 躯干肌肉发力，在抱着沙袋的同时深蹲。
- 站起。重复该动作。

过头举沙袋深蹲

- 类似于过头深蹲的动作，举沙袋深蹲。
- 肩胛骨并拢，减少躯干与手臂的多余动作。

弓箭步深蹲与胸前推举

- 在两侧肩部各举起一个哑铃。
- 双脚前后分开。
- 呈弓箭步深蹲姿势。
- 站起时，将哑铃向正上方举起。

相扑深蹲和肱三头肌伸展

- 在头部后方举起两个哑铃，双臂肘关节朝向天花板。
- 下蹲至相扑深蹲姿势，双脚约两倍于肩宽，双腿向外侧旋转。
- 站起时，伸直肘关节，将哑铃向着天花板举起。

独木舟下蹲

- 双脚与肩同宽站立，双手像握船桨一样，在身体两侧各持一个哑铃。
- 蹲下，用哑铃模仿划独木舟的动作。
- 在两次划船动作之间站起。
- 每次蹲下时换另一侧进行划船动作。

挥舞深蹲

- 半蹲，将药球举起至双腿之间。
- 站起，将药球挥舞至头顶上方。
- 蹲下，弯曲背部来保护脊柱。
- 变形：尝试用杠铃片完成。

砍柴

- 双手将药球举起至一侧肩部靠近耳朵的位置。
- 蹲下，用药球在身体前方模拟挥舞斧子砍柴的动作。
- 收紧腹部肌肉，让躯干顺着挥舞药球的方向旋转。
- 变形：用一个杠铃片或是哑铃来代替药球。

坐箱子举哑铃站起

- 坐在一个箱子上，双手在两侧肩部分别举起一个哑铃。
- 在站起时，快速将哑铃举过头顶。
- 将哑铃放到肩部，再次坐下。
- 用爆发力快速举哑铃时，注意保持左右动作对称。

蹲举哑铃站起

- 抬起两侧肘关节，将哑铃举起至肩部。
- 蹲下，然后用爆发力快速站起。
- 在站起时，将哑铃快速举过头顶，然后放低哑铃，重新蹲下。

单臂蹲举哑铃站起

- 站直，将一个哑铃举起至肩部高度。
- 蹲下，用爆发力快速站起，同时将哑铃举过头顶。
- 在身体上方完全伸直双臂，然后将哑铃放到肩部位置，回到下蹲姿势。

举药球

- 举起药球到齐胸高度，保持肘关节贴近身体。
- 蹲下，然后用爆发力站起。
- 在站起时，将药球快速举过头顶，然后蹲下，同时放低药球。

举杠铃片

- 双手将一个杠铃片举在胸前。
- 蹲下，髋部折线恰好到达膝盖高度。
- 用爆发力站起，将杠铃片举过头顶。
- 将杠铃片降低到胸部高度，蹲下，准备重复动作。

交替下蹲举沙袋

- 将沙袋搭在一侧的肩膀上，然后蹲下。
- 站起，将沙袋举到头顶上方。
- 蹲下，将沙袋搭在另一侧肩膀上。
- 在站起和蹲下时，用两侧肩膀交替承担沙袋的重量。

壁球

- 面向墙壁站立，保持约一米的距离，将药球举起置于胸部高度。
- 蹲下，起身并向着墙壁的高处抛药球，越高越好。
- 接住药球，回到下蹲姿势。

勺子抛球

- 蹲下，将药球举起至双腿之间。
- 用爆发力站起，将药球抛向高处，越高越好。
- 接住药球，回到起始动作。

单膝跪下扔药球

- 用一侧膝盖支撑身体，另一条腿置于身体前方，成单腿跪地姿势。
- 举起药球至跪下腿一侧的腰部高度。
- 收紧躯干肌肉，将药球扔到前方腿一侧的肩部上方。
- 增加躯干旋转角度，以强化身体中部的力量。

挥舞哑铃

- 单手将一个哑铃举起至双腿之间，成半蹲姿势。
- 站起，直臂向前挥舞哑铃。
- 放低哑铃，回到半蹲姿势。
- 变形：在挥舞哑铃时，双手握住它的一端。

滑雪举哑铃

- 双脚距离比肩宽略窄站立，双手各拿一个哑铃，举起至两侧髋部。
- 弯曲膝盖，身体从腰部向前倾斜，双手将哑铃放在身体后方。
- 站起，向前挥舞哑铃达到肩部高度。
- 重复身体向前倾斜和向后挥舞哑铃的过程，模仿滑雪者用滑雪杖推动身体前进的过程。

开瓶器

- 将药球举过头顶，向一侧旋转躯干。
- 放低药球至腰部以下，降低躯干高度，向另一侧旋转。
- 用脚趾的跖球部位为轴，完成旋转动作。
- 变形：使用杠铃片或哑铃来代替药球。

单腿开瓶器

- 用单腿保持平衡，蹲下并将药球举起至身体一侧。
- 站起，让非支撑腿向前迈出，同时将药球向上举过头顶。
- 在挥舞药球时，向对角线方向旋转躯干。

靠墙蹲坐举药球

- 双脚在一面墙的前方 45~60 厘米处，降低身体高度，成靠墙蹲坐姿势。
- 将药球举过头顶，双肩的肩胛骨并拢。
- 尽量长时间地维持这一姿势。
- 变形：用杠铃片或哑铃代替药球。

摔药球

- 将药球举过头顶。
- 用尽全力将药球砸向地面。
- 在药球弹起时将它接住，回到起始姿势。

单腿跪摔药球

- 单膝跪地，另一条腿置于身体前方，成单腿跪的姿势。
- 保持挺胸，从地上捡起药球，经过前方腿举起至头顶上方。
- 身体中段肌肉发力，然后用力将药球砸向跪下腿的旁边。
- 通过躯干旋转增加身体中部的力量。

163

劈柴弓箭步

- 将药球举起至一侧肩部的耳朵附近。
- 向前迈一步成弓箭步。
- 用类似劈柴的动作，将药球向对侧腿方向快速放下。
- 躯干可以跟随手臂的对角线方向的运动旋转。
- 将药球挥舞到耳朵位置，回到站姿。

反向劈柴弓箭步

- 将药球举起至胸部高度。
- 向后迈出一步，成弓箭步。
- 将药球向着前方腿的一侧挥舞。
- 允许躯干向前方腿一侧旋转。
- 将药球举起至胸部，回到站姿。

反向弓箭步与倾斜

- 将杠铃片举过头顶。
- 向后迈出一大步，成弓箭步。
- 举着杠铃片，让躯干向前方腿的一侧倾斜。
- 收紧腹肌，回到站姿。
- 变形：用药球或哑铃训练。

侧向弓箭步哑铃前举

- 将两个哑铃举起至大腿高度。
- 向侧面迈出一步成侧向弓箭步。
- 同时向前举起两个哑铃至齐肩高度。
- 回到起始姿势，哑铃贴近大腿。
- 换另一侧交替练习弓箭步。

哑铃过头弓箭步

- 将两个哑铃举过头顶。
- 向前迈一步成弓箭步。
- 回到起始姿势，保持举哑铃的高度。
- 变形：用杠铃片、药球或一个哑铃练习。

过头弓箭步行走

- 将杠铃片举过头顶，向前迈一步成弓箭步。
- 在向前走时，保持举杠铃片的高度，每一步都用弓箭步行进。

单腿硬拉举杠铃片

- 用单腿保持平衡，身体前倾，从地上举起杠铃片。
- 抬升躯干，用非支撑腿向前移动。
- 将杠铃片举起至头顶正上方。
- 变形：将杠铃片向上举起或是一直保持手臂伸直。

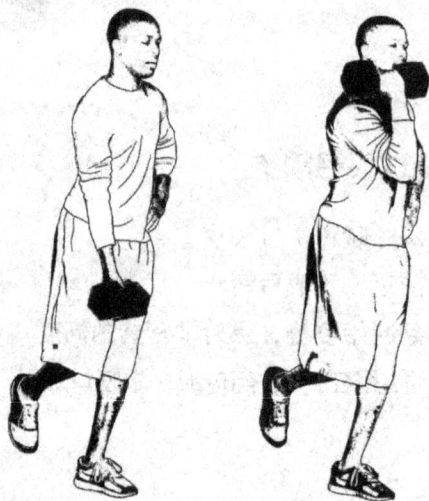

单腿肱二头肌弯曲

- 用单腿保持平衡，非支撑腿一侧的手臂将哑铃举起至大腿位置。
- 将哑铃举起至肩部。
- 在手臂上下弯曲和伸直时，收紧躯干肌肉。

单腿划船

- 单腿保持平衡，躯干稍稍前倾，双手各拿一个哑铃。
- 用划船动作将哑铃举起至胸部。
- 收紧腹部肌肉，尽量减少躯干动作。

旋转弓箭步

- 将药球举起至胸部高度。
- 向前迈出一步成弓箭步。
- 双臂伸直,向前方腿的一侧旋转躯干。
- 将药球收回至身体中部,回到站姿。

旋转肩部推举

- 将两个杠铃举起至肩部。
- 向一侧转身,并将另一侧肩部的哑铃举过头顶。
- 放下哑铃,向另一侧转身,换对侧手臂重复动作。

旋转与侧平举

- 将两个哑铃举起至大腿高度。
- 旋转躯干,同时向外侧举起两个哑铃。
- 放下哑铃,向另一侧旋转躯干,再次举起哑铃。

哑铃脚趾触摸

- 双脚两倍于肩宽站立。
- 将一个哑铃举过头顶。
- 躯干前倾，用不拿哑铃的手去摸脚。
- 拿哑铃的手一直保持向上举起哑铃姿势。

哑铃铅球上举

- 双腿前后分开蹲下，将一个哑铃起举起至前置腿一侧的肩部。
- 以双脚为轴，向后转身。
- 站起，向推铅球一样将哑铃快速向上举起。

哥萨克深蹲推举

- 双脚与肩同宽站立，双手分别将一个哑铃举起至肩部高度。
- 下蹲，一侧膝盖弯曲，另一侧膝盖伸直，呈哥萨克深蹲姿势。
- 举起一个哑铃至头顶上方，回到站姿。
- 换身体的另一侧重复练习动作。

高举杠铃片

- 蹲下，举起身体前方的杠铃片。
- 站起，将杠铃片举起至胸部高度。
- 将杠铃片举过头顶，双臂完全伸直。
- 按照相反顺序，回到起始姿势。

举沙袋

- 躯干前倾，从地上举起沙袋。
- 弯曲后背，保持脊柱的正常弯曲度。
- 快速站起，将沙袋举起至肩部高度。
- 结束时，展开髋部，举起双臂肘关节。
- 变式：像举药球那样，在举沙袋过程中加入一个下蹲动作。

药球蹲起

- 以分腿深蹲姿势，将地上的药球搬动。
- 站起，双肩向上提升，并将药球快速抬起。
- 立即下蹲，让药球位于胸部高度。
- 站起来，让药球位于胸部高度。

扛沙袋

- 抓住并举起前方的沙袋。
- 蹲下，用双手抓住沙袋。
- 站起，单肩将沙袋扛起。
- 把沙袋放到地面上，换另一侧肩部练习。

单臂举哑铃

- 躯干前倾，将一个哑铃举起至小腿高度。
- 站起，用一个流畅的动作将哑铃举过头顶。
- 如果有需要，则在举起哑铃的过程中间加入一次下蹲，在下蹲时先将哑铃举过头顶。

单臂抓举哑铃

- 俯下身子，用单手从地上抓起一个哑铃。
- 半蹲姿势，弯曲膝盖来保持挺胸。
- 将哑铃向上举起。
- 双腿左右分开，下蹲，手臂保持举哑铃的姿势。
- 当手臂在身体上方伸直时，双脚靠近，站起。

单臂弓箭步抓举哑铃

- 与单臂抓举哑铃的起始姿势相同。
- 在举起哑铃的同时跳起，双腿前后分开落地。
- 落地时，将哑铃举起在头部上方，呈弓箭步姿势。
- 当手臂能稳定地保持在头顶时，双脚并拢完全站起。

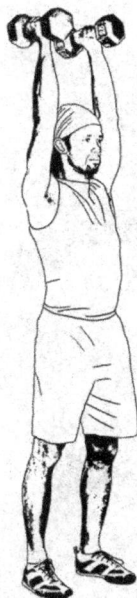

哑铃下蹲推举

- 将两个哑铃置于肩部位置。
- 呈微微下蹲姿势。
- 用爆发力将哑铃快速向正上方举起。
- 变形：只用一个哑铃。

单臂捡哑铃推举

- 蹲下，从地上抓起一个哑铃。
- 保持后背弯曲，维持脊柱的正常弯曲度。
- 站起，用一个动作将哑铃举起至肩部。
- 快速将哑铃向正上方举起。

双臂捡哑铃推举

- 蹲下，双手分别从地上抓起一个哑铃。
- 注意保持膝盖的正确位置和脊柱的正常弯曲。
- 站起，将两个哑铃举起至肩部位置。
- 快速将哑铃向正上方举起。

波比跳

- 趴在地上，呈俯卧撑预备姿势。
- 双脚向前跳，以深蹲姿势落地。
- 用爆发力向上跳起，在空中举起双手。
- 变形：在动作的全过程手持药球。

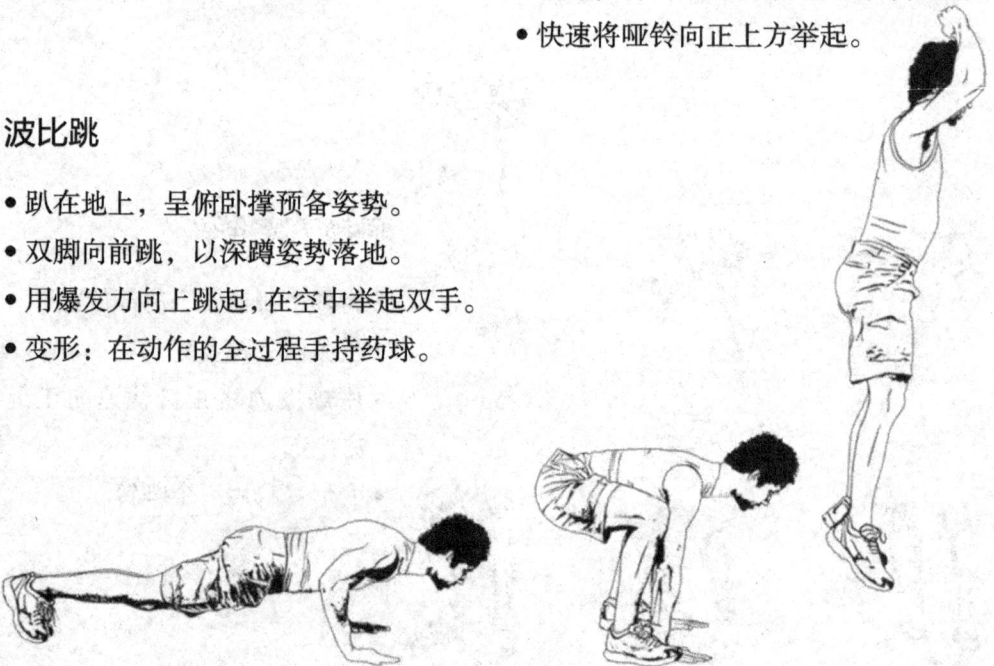

哑铃波比跳

- 将两个哑铃置于地上，做出俯卧撑预备的姿势。
- 跳起来成半蹲，将哑铃举起至肩部。
- 立即站起来，将哑铃举向头顶正上方。
- 增加难度：在跳起来之前，将哑铃贴近肩部。

举沙袋站立

- 仰卧，将一个沙袋置于一侧肩部。
- 弯曲这一侧的腿，坐起来。
- 将伸直的腿收回呈跪姿。
- 保持沙袋在肩部的位置，站起。

跪姿哑铃站立

- 跪下，将两个哑铃举过头顶。
- 一条腿向前迈出一步，蹬地站起。
- 一直保持举哑铃的动作。

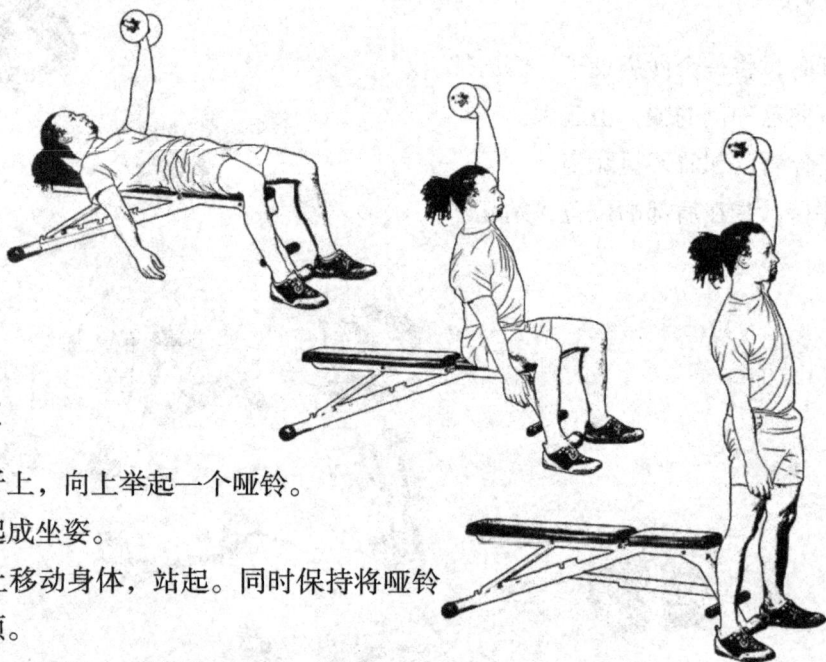

凳子站立

- 躺在凳子上，向上举起一个哑铃。
- 躯干抬起成坐姿。
- 继续向上移动身体，站起。同时保持将哑铃
  举过头顶。
- 增加难度：将两个哑铃举过头顶。

农夫行走

- 双手置于身体两侧，一手拿一个杠铃片或哑铃。
- 向前走，保持挺胸。
- 收紧腹肌，放松肩部。

过头搬运杠铃片

- 在头顶上方举起杠铃片，保持双臂完全伸直。
- 保持双手位于头部正上方，身体中部的肌肉持续用力，向前走。
- 继续举着杠铃片，尽量放松颈部肌肉。

熊抱搬运

- 双手将沙袋环抱在胸前，让它贴近胸部。
- 站起，保持挺胸，抱着沙袋走动。
- 身体稍稍向后倾斜，抱紧沙袋，不要让它往下滑。

鸭步搬运

- 站姿，将沙袋置于两腿中间。
- 躯干前倾，抓住沙袋的顶部，将它从地上提起，直到手到达骨盆高度。
- 躯干肌肉发力，将沙袋从地上完全提起来，向前走。

跪姿过头推举

- 跪坐姿，将一个杠铃或一对儿哑铃举过头顶，双臂伸直。
- 收紧大腿与臀部肌肉，向上移动身体，臀部离开脚跟。
- 向下移动躯干，保持举杠铃或哑铃的姿势。

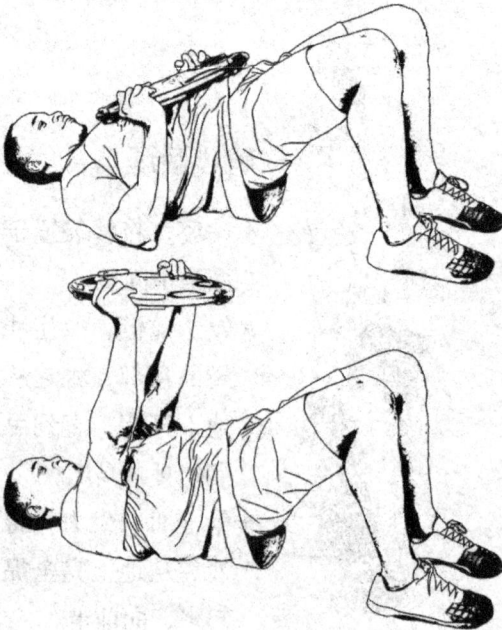

桥式杠铃片推举

- 仰卧，双膝弯曲，双脚支撑在地面上，将杠铃片放在胸前。
- 身体中部发力，用双脚发力将骨盆向上移动，呈桥式姿势。
- 向上推举杠铃片，直到双臂完全伸直。
- 确保收紧躯干肌肉，从胸骨到膝盖成一条直线。

四肢摊开

- 模仿即将开始打斗的摔跤手的动作。
- 四肢伸展趴下，腹部触地。
- 从地上推动身体跳起，回到起始姿势。

推动杠铃片

- 将双手放在一个杠铃片上。
- 向后伸展双腿。
- 脚蹬地，推动杠铃片向前移动。

哑铃爬行

- 将两个哑铃放在身体前方，跪下，双手放在两个哑铃的把手上。
- 抬起膝盖，髋部向正上方移动，只用手和脚支撑身体。
- 将一侧的哑铃和另一侧的腿同时向前移动。
- 用"一侧手＋对侧腿"这种动作方式继续向前爬行。

第7章　俯卧撑训练

以平板姿势开始，手臂在肩部下方伸展，与脚趾一起维持平衡。先让胸骨触地，然后胸部和肱三头肌快速发力，回到平板姿势，保持躯干肌肉收紧。

就是这么简单，这就是俯卧撑的魅力。

从健身房教练到拳击教练，每个人都喜欢俯卧撑。你可以在车库、床边、海滩，甚至在工作间练习——如果你觉得时间格外紧。你不需要特别的设备，就可以训练手臂、胸部、核心和髋部肌肉。

可以说俯卧撑是世间最基本的自重训练吗？也许是。俯卧撑能"撑"起一个章节吗？绝对能。

如果你把手脚的姿势组合起来，加上几个简单的动作，就可以创造出几十种花式俯卧撑。你很幸运，我为你节约了发明花式动作的思考时间，这一章里有53个不同的俯卧撑动作。

我怀疑你在训练时会腻烦，但是，既然俯卧撑有这么多花样，腻烦就不能成为借口了。

俯卧撑

- 双手撑地，手臂与双腿伸直，用脚趾保持平衡。
- 弯曲肘关节，让胸骨触到地面。
- 收紧躯干肌肉，肘关节不要向外凸出。
- 用力推地面，伸直手臂回到起始姿势。

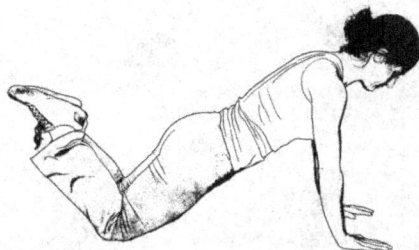

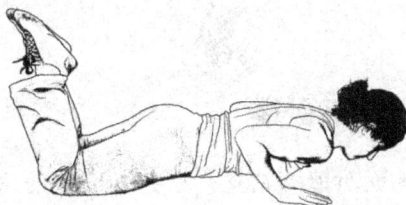

膝盖俯卧撑

- 将膝盖放在地上，双臂在躯干下方伸直保持平衡。
- 弯曲肘关节，让胸部接触地面。
- 注意不要让腹部向下塌陷。
- 用力推地面，伸直手臂回到起始姿势。

离心俯卧撑

- 身体呈平板姿势完全展开，用手和脚作为支撑。
- 弯曲双臂，慢慢让胸部接触地面，保持肘关节贴近肋骨。
- 在降低整个身体时，将膝关节放在地上，向上支撑腹部。
- 在手臂完全伸展后，抬起膝盖，回到平板姿势。

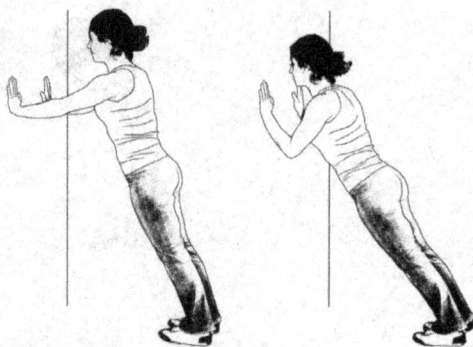

墙壁俯卧撑

- 面对墙壁站立,保持 60~80 厘米(或更远)的距离。
- 双手手掌放在墙上齐胸高的位置。
- 弯曲肘关节,让胸部靠近墙。
- 推墙,伸直手臂回到起始位置。

台面俯卧撑

- 将双手放在台面的边缘,双腿在身体后方几十厘米处伸直。
- 让胸骨接近台面,不要让腹部塌陷。
- 推台面,伸直双臂,回到起始姿势。

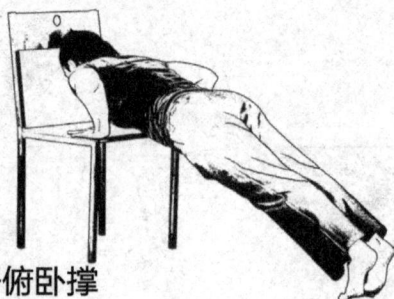

椅子俯卧撑

- 双手放在结实的椅子上,双腿在身体后方伸直。
- 让胸部靠近椅子。
- 双臂支撑身体,回到起始姿势。
- 收紧下半身肌肉与核心肌群。

宽式俯卧撑

- 双手放在地上,间距为两倍于肩宽,成俯卧撑姿势。
- 让身体降低至接近地面,然后向上发力回到起始姿势。

钻石俯卧撑

- 双手支撑地面,左右手拇指与食指靠拢,用手组成钻石形状。
- 降低胸部靠近地面,收紧躯干肌肉。
- 向上推动身体回到起始姿势。

拳头俯卧撑

- 双手握拳放在地上，用指关节作为支撑。
- 双手攥紧，不能松开。
- 降低躯干高度，然后抬升，完成一个俯卧撑不要让手腕弯曲。

窄式俯卧撑

- 双手相互靠近，放在胸部正下方的中心位置。
- 躯干贴近地面，然后抬升，回到起始姿势。
- 双臂肘关节尽量紧贴躯干。

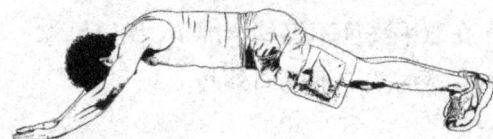

过头俯卧撑

- 双手放在地上，位于头部位置以上或正下方。
- 收紧躯干肌肉，拉长身体。
- 弯曲肘关节，将躯干降低至地面，然后抬升，回到起始姿势。
- 变形：在双手分开更宽，或是双手紧贴时尝试动作。

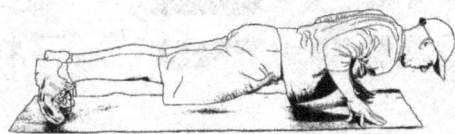

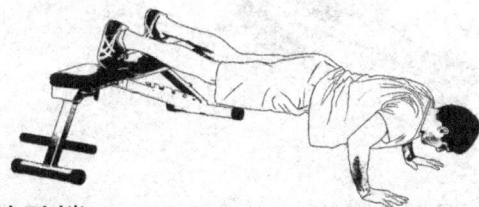

指尖俯卧撑

- 用手指支撑身体，呈现出俯卧撑的基本起始姿势。
- 用指尖作为支撑，降低 / 抬升身体高度。

下降俯卧撑

- 将双脚放在凳子或是其他较高的物体上。
- 将躯干降低到地面，收紧躯干与髋部的肌肉。
- 抬升身体回到起始姿势。
- 增加难度：只将一只脚放在凳子上。

不平衡俯卧撑

- 将一只手按在一个药球上，或是其他高度合适的物体上，将另一只手放在地上。
- 在双手高度不等的情况下，做俯卧撑。
- 双臂肘关节不要向外凸。

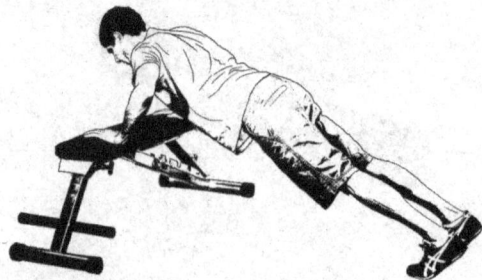

上斜俯卧撑

- 将双手放在凳子或是其他高出地面的物体上。
- 在身体后方伸展双脚，成基本俯卧撑姿势。
- 将胸部高度降低至凳子，然后抬升，回到起始姿势。

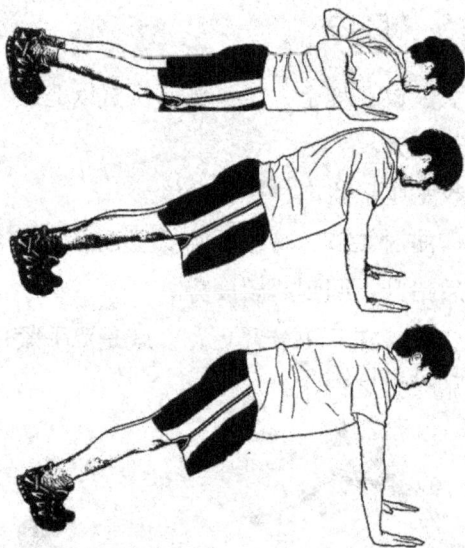

加强版俯卧撑

- 双手双脚按照基本俯卧撑姿势支撑身体。
- 降低胸部到地面高度，然后抬升。
- 不要回到起始姿势，向上抬起胸部直到肩胛骨完全展开。

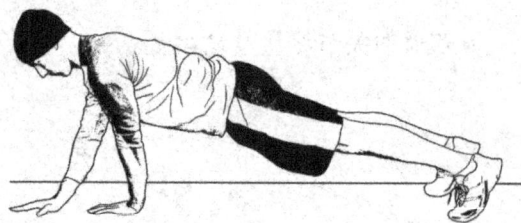

直线俯卧撑

- 双手一前一后放在地上，在胸部前方成一条直线，一只手的手指对着另一只手的手掌。
- 双手保持这种姿势，做俯卧撑。

俯卧撑支撑

- 平板姿势，用双手手掌和脚趾保持平衡。
- 收紧躯干肌肉，将躯干降低至地面。
- 在胸部距离地面约 2 厘米时停下。
- 保持一会儿，然后抬起身体。

外侧俯卧撑

- 趴下，一只手置于胸部下方，另一只手放在身体外侧，按在一叠杠铃片或是一个球上。
- 双腿向后伸直，在身体上升/下降过程中，保持双手姿势不变，完成俯卧撑。
- 变形：尝试用外侧的手保持平衡，或是调整手指位置。

俄式俯卧撑

- 双手放在肋骨末端靠近腹部位置的下方。
- 肩部尽量前移，将胸部贴近地面。
- 回到起始姿势，保持身体重心尽量前移。
- 增加难度：将双脚放在凳子上，或是让肩部承担更大重量。

单臂俯卧撑

- 一只手放在胸部正下方的地面，手掌向下。
- 另一只手远离地面，最好是放在背后。
- 收紧躯干肌肉，向地面降低身体。
- 下方手用力支撑身体，回到起始姿势。

棍棒平衡俯卧撑

- 双脚支撑，双手与肩同宽，握住一根木棍。
- 让木棍的一端处在身体下方，下方手用力推动，上方手保持稳定。
- 伸展身体，成平板姿势，同时利用木棍的一端去保持平衡。
- 在降低/推动抬升身体的过程中保持姿势。
- 注意不要被木棍弄伤手指。

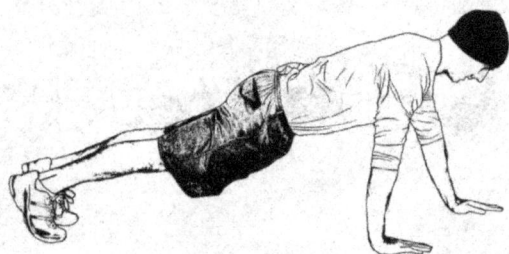

摇晃俯卧撑

- 双手放在地上，一只手在肩部上方，另一只手在肩部下方。
- 保持手的姿势。
- 将胸部降低到地面高度。
- 推动抬升身体回到起始姿势。

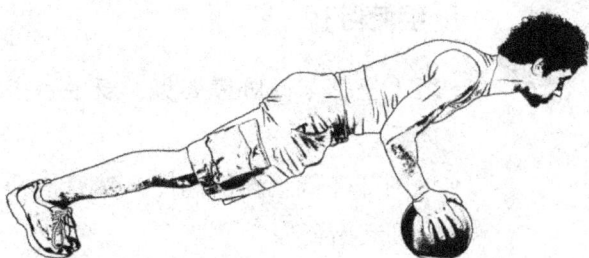

药球俯卧撑

- 将药球放在胸骨正下方，将双手放在药球上。
- 用药球维持平衡，降低胸部去接近球。
- 胸部接触球，然后支撑身体抬升，回到起始姿势。

三段暂停俯卧撑

- 趴下呈基本俯卧撑姿势。
- 在躯干降低至距地面一半高度时停下。
- 继续让胸部下降，再停一次。
- 在抬升身体到一半高度时第三次停下。
- 回到起始姿势。

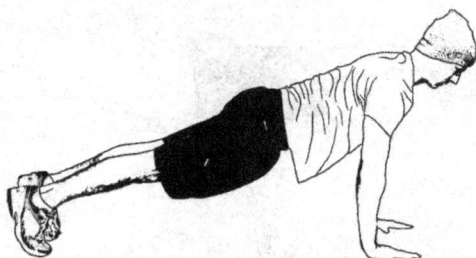

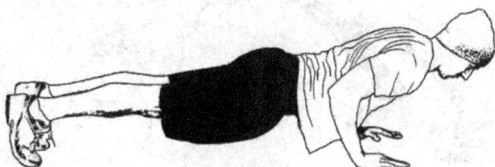

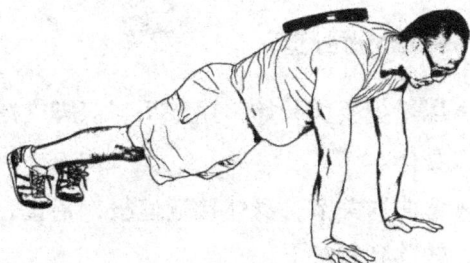

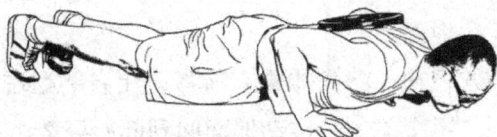

负重俯卧撑

- 趴在地上呈基本俯卧撑姿势。
- 让助手把杠铃片放在背后双肩之间。
- 在保持负重稳定的情况下做俯卧撑。

反手俯卧撑

- 趴下呈基本俯卧撑姿势，双手手指向后。
- 将胸部降低至地面高度，然后抬升回到起始姿势。
- 增加难度：将双脚放在凳子等较高的物体上。

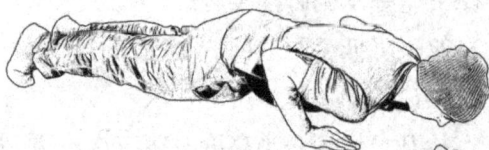

楔形俯卧撑

- 趴下，臀部向正上方提起，双手与双脚分别与肩同宽，支撑身体。
- 抬起髋部，弯曲肘关节，向地面低头。
- 伸直双臂，支撑身体回到起始姿势。

俄罗斯俯卧撑

- 以平板姿势开始，用双手与双脚支撑身体。
- 弯曲肘关节，身体接近地板，将重心转移到脚趾上。
- 将胸部保持在手的上方，让前臂接近地面。
- 现在，将身体重心前移，让肩部超过手指前方，推动地面回到起始姿势。

平板推压

- 趴下，肘关节弯曲，将前臂平放在地上。
- 用双手作为支撑，伸直双臂，将身体向上抬升。
- 再次降低肘关节至地面，用前臂支撑身体。

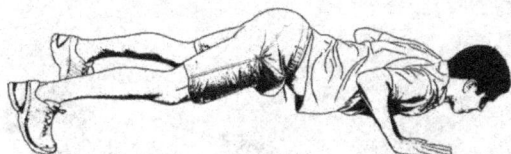

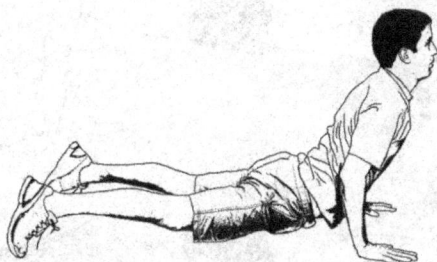

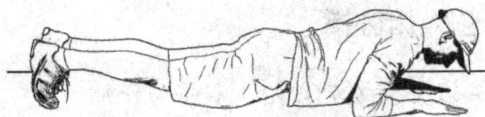

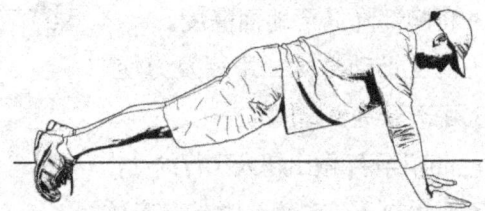

俯冲俯卧撑

- 起始姿势如同楔形俯卧撑。
- 弯曲肘关节，让胸部在两手之间下降。
- 保持向前的动作，抬起胸部，向上抬头。
- 按照相反的动作顺序，贴近地面，再抬起身体回到楔形姿势。

弹起俯卧撑

- 趴下，呈基本俯卧撑姿势。
- 降低身体高度，用向上的爆发力使双手完全离开地面。
- 轻柔落地，回到起始姿势。
- 增加难度: 落地之前击掌或是拍大腿。

超人俯卧撑

- 以平板姿势开始，双手位于肩部下方，双腿向后伸展。
- 将胸部降低至地面高度。
- 向上推动身体，用爆发力使双手离开地面。
- 向前摆臂，做出超人飞行的动作。
- 双手放下，在落地时支撑身体，准备重复动作。
- 增加难度：让双脚也同时离开地面。

坠落俯卧撑

- 找两个不高的箱子，按照比肩稍宽的间距放在地上，双手支撑在箱子上。
- 身体的其他部位成基本俯卧撑姿势。
- 快速推动箱子发力，然后在箱子之间落地，让胸部轻轻接近地面。
- 使用向上的爆发力，将双手放在箱子上方。

双脚交叠俯卧撑

- 趴下呈基本俯卧撑姿势，将一只脚的脚趾放在另一只脚的脚跟上。
- 保持双脚的位置不变完成俯卧撑动作。

单腿俯卧撑

- 以俯卧撑姿势趴下，抬起一条腿到距地面 10~20 厘米的高度。
- 保持抬起腿的姿势，完成俯卧撑动作。

蝎式俯卧撑

- 以基本俯卧撑姿势趴下，双手与双脚的位置与普通俯卧撑一样。
- 在胸部接触地面时，向上抬起一条腿并越过另一条腿的上方。
- 增加难度：在整个动作中保持抬起一条腿。

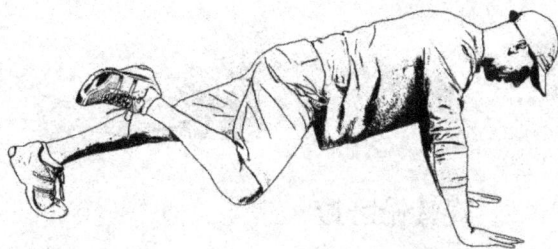

蜘蛛人俯卧撑

- 趴下呈俯卧撑姿势，但是保持一侧膝盖和髋关节弯曲，让一条腿离开地面。
- 降低胸部高度，同时让抬起的腿接触同侧肘关节。
- 在膝盖和肘关节相遇时，允许躯干向侧面弯曲。

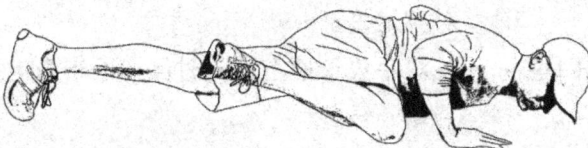

侧向抬腿俯卧撑

- 趴下呈俯卧撑姿势，向一侧抬起一条腿。
- 降低胸部至地面，然后抬起回到起始位置。
- 在整个动作中，保持抬起的腿伸直，离开地面 10~20 厘米。

双侧俯卧撑

- 趴下呈俯卧撑姿势。
- 降低胸部至地面。
- 在抬起胸部前，让身体重心从一只手移动到另一只手，同时让肩部接触手腕。

旋转俯卧撑

- 双脚上下叠加，脚跟对应脚跟，足弓对应足弓。
- 将双手置于地上，同时保持下半身向一侧旋转。
- 保持旋转姿势，降低胸部至地面，然后支撑身体回到起始姿势。

腿旋转俯卧撑

- 趴下呈俯卧撑姿势，一条腿在身体外侧，脚内侧与地面接触。
- 降低胸部至地面，让躯干向外侧腿的一侧旋转。
- 支撑身体回到起始姿势。

T 形俯卧撑

- 趴下呈基本俯卧撑姿势，降低胸部至地面。
- 在抬升身体时，向侧面抬起一侧手臂，旋转躯干，直到抬起的手臂完全位于身体上方。
- 将抬起的手臂放在地上，每做一次俯卧撑就更换抬起的手臂。

举臂俯卧撑

- 像做一般俯卧撑动作那样，降低胸部至地面。
- 在抬升身体时，一侧手臂向上摆动。
- 将手放到地上，每做一个俯卧撑换手一次。

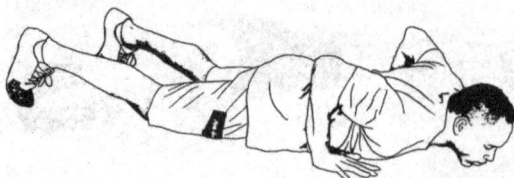

拍肩俯卧撑

- 呈平板姿势，用双手和脚趾支撑身体。
- 将俯卧撑动作做到最低位置，胸部与手指平齐，然后抬升身体回到起始位置。
- 在抬起身体时，举起一只手拍对侧肩膀。
- 双手放在地上，重复俯卧撑动作，交换双手的位置。

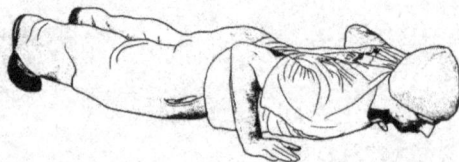

后退俯卧撑

- 趴下呈俯卧撑姿势。
- 胸部靠近地面。
- 在胸部离开地面时，向后方推动身体，成有支撑的蹲姿。
- 回到起始姿势。

抬脚墙壁俯卧撑

- 将双脚支撑在墙壁上，离开地面大约 25 厘米。
- 保持双腿支撑在墙壁上，降低躯干高度做俯卧撑。
- 保持收紧躯干肌肉，不要让腹部下坠。

折刀俯卧撑

- 将双脚放在椅子或箱子上。
- 躯干弯折 90 度，双手置于地面，位于肩部正下方。
- 弯曲肘关节，让头部接触地面，然后支撑身体回到起始姿势。

翻筋斗俯卧撑

- 身体自腰部前倾，双手置于地面，位于肩部正下方。
- 像翻筋斗一样，向上抬起一条腿。
- 弯曲手臂，让头部接触地面，然后支撑身体回到起始姿势。

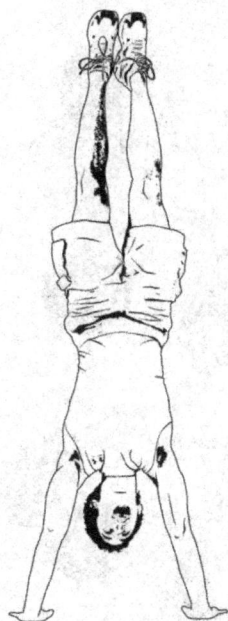

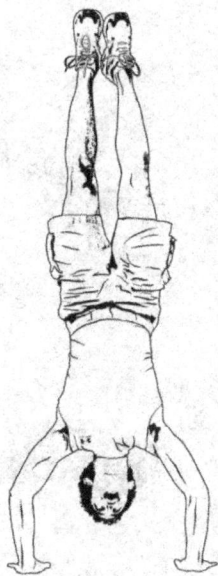

倒立俯卧撑

- 背部倚靠墙壁倒立，手位于肩部正下方。
- 弯曲肘关节，让头部接触地面，然后回到起始姿势。
- 收紧躯干肌肉，不要让背部过分弯曲。
- 变形：尝试面对墙壁做倒立俯卧撑。

街舞俯卧撑

- 先呈现深蹲姿势，双手位于身体前方。
- 身体向前，将双手手掌放在躯干一侧的地上。
- 将头部和一侧肩部放在地上，让双腿向上离开地面，仅用手保持平衡。
- 用向后的爆发力让双脚落地，回到起始姿势。

拱门俯卧撑

- 脊柱向后弯曲，呈后背向下、髋部向上的拱门姿势。
- 弯曲肘关节，小心地让头部触地。
- 保持拱门姿势，伸直肘关节回到起始姿势。
- 增加难度：向上抬起一条腿并让它垂直于地面。

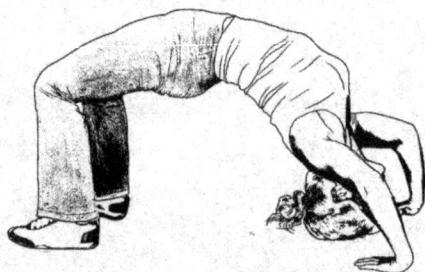

双药球俯卧撑

- 双手位于肩部下方，分别支撑在两个药球上，双腿在身体后方伸展。
- 在降低胸部时，保持平衡。
- 推动身体回到起始姿势。

第8章 自重训练

使用哑铃、杠铃等器械进行的力量训练，是经过长时间考验的训练方法。但是，用这些器械训练，必须发挥想象力才能使训练有趣。总是计算自己能举起的重量，很快就会让你感到厌倦。去健身房或使用人工器械之外，学习自重训练既好玩又值得骄傲。用古怪的姿势将自己的身体抬举起来，就是简单且让人上瘾的乐趣，更重要的是，掌握自重训练的方法，能让你成为更好的运动员。

长时间保持静止姿势，用爆发力离开地面，将身体悬空，这些动作并不只属于马戏团演员或者障碍赛运动员。你控制身体的能力越强，你就越能有效地应付体力挑战。

本章的重点是体操运动员和马戏团成员用来强化力量的基本训练，而不是空翻和翻转等动作。你会在本章中找到用吊环、引体向上支架和平行杆等器械完成的动作，此外还有一些在地面上使用箱子和横杆的动作。如果你的家中没有吊环或者没有安装引体向上支架的空间，附近公园里的健身设施也能让你完成本章中90%的动作。

说到自重训练，本章中的练习要求你关注除了重量之外的度量方法。首先，你要把每个动作的姿势做对，在掌握了基本动作后，你可以尝试将一个动作重复多次，或是尝试增加保持一个姿势的时间。当你能重复许多次，或是厌倦了某一姿势下的时间挑战后，你可以试试更难的动作。

其次，你会感到奇怪，一些动作与经典的力量训练完全不同，甚至像是小丑杂耍。肩部滚转、鲤鱼打挺、跳跃障碍物之类的动作，不会让你变得更强壮，但是对帮助你成为更全面的运动员来说很重要。这些动作不会让你跑得更快，但是会训练你的协调性，让你具有更好的运动技能。

最后，做任何头部向下的动作时，必须注意安全，在第一次做某种动作时，找个同伴在身边观察保护。今天聪明训练，明天才能玩得开心！

三脚架倒立

- 半蹲，双手放在地上，与肩同宽。

- 用双臂承担体重，在双手前方十几厘米处，将头顶放在地上。

- 将一侧膝盖置于同侧肘关节上方，然后另一侧膝盖重复此动作。

- 将双脚向上举起，保持三脚架姿势，呼吸若干次。

- 双臂发力，来减轻头和颈部的压力。

倒立

- 双手放在地上，与肩同宽。

- 双腿上举成倒立姿势，保持一会儿。

- 保持双臂伸直，双手置于双肩下方。

- 收紧腹肌与臀部肌肉，保持躯干直立。

双腿靠墙倒立

- 将双手放在墙壁附近的地上。

- 双腿踢过头顶，成倒立姿势。

- 每次将一侧腿放下至地面。

- 增加难度: 不用墙壁作支撑。

倒立侧向翻转

- 双手放在地上。

- 双臂承担体重，用一个鲤鱼打挺的动作，从地上抬起一条腿。

- 抬起另一条腿，并将两腿在空中左右分开。

- 放下先抬起的那条腿，用这条腿承担体重。

- 重复该动作，向两侧移动。

倒立行走

- 在地上倒立。
- 收紧腹部与臀部肌肉,保持躯干直立。
- 双脚在空中,用双手向前行走尽量远的距离。

剪刀式倒立

- 双脚向上举起成倒立姿势,让双腿前后分开。
- 在双腿前后分开时,用双手保持平衡。
- 保持这一姿势和双腿交替的动作,越久越好。

骑马式拍肩

- 双脚分开,比肩部略宽,躯干向前倾,将双手放在地上。
- 双腿伸直,臀部向上,将重心转移到双臂。
- 抬起一只手,去拍对侧的肩膀。
- 放下手,用另一只手重复此动作。

倒立举腿

- 用头和双手支撑身体,成三脚架姿势。
- 双腿向上抬起,成倒立姿势。
- 收紧躯干肌肉。
- 慢慢将双脚放在地上,然后再抬起到垂直于地面的位置。

按压式倒立

- 双手放在地上（离开墙壁），双脚分开。
- 用双手承担体重，开始将双脚并拢并向手的方向移动。
- 开始从地上抬起脚并向上移动，直到呈现完全倒立的动作。

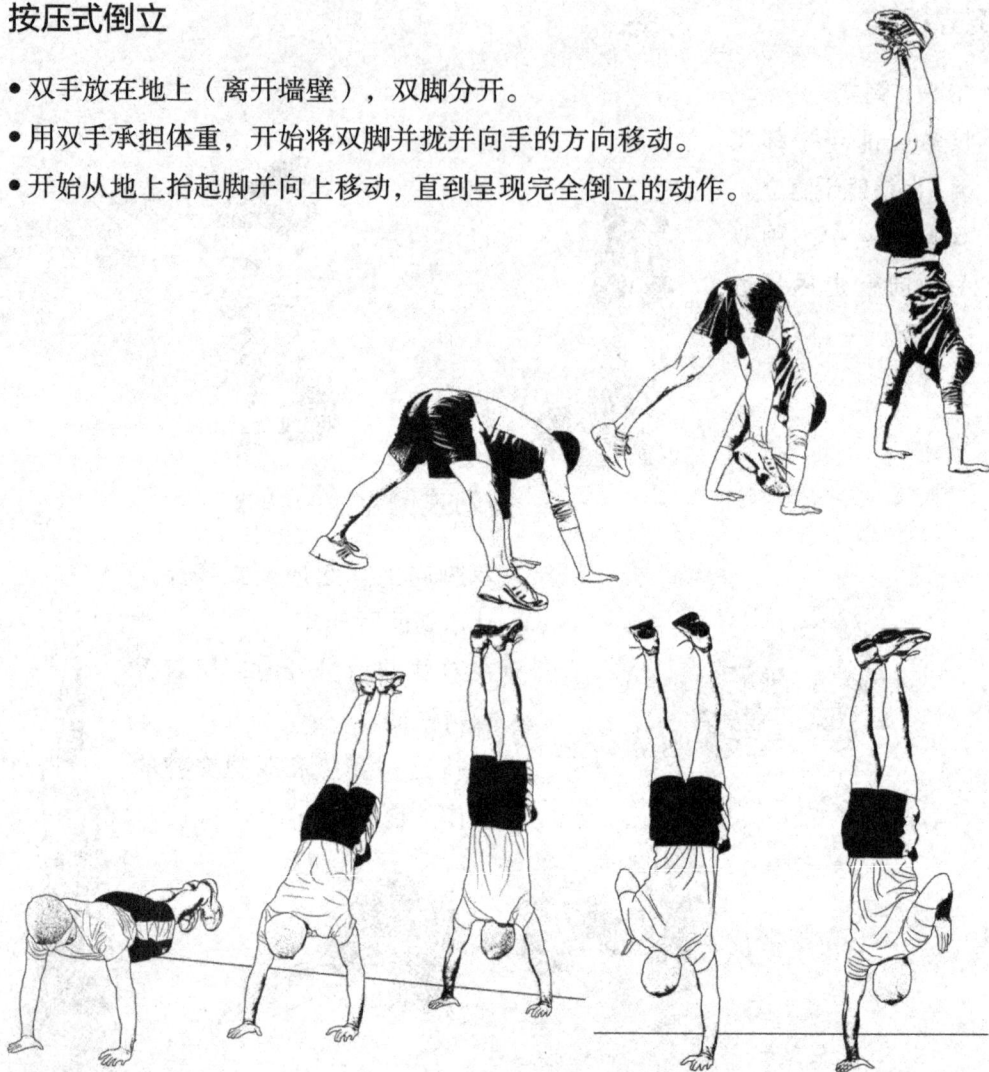

靠墙行走

- 做出俯卧撑姿势，将双脚顶在墙上。
- 双手靠近墙壁，双脚向上移动两厘米。继续移动逐渐让胸部贴紧墙壁，直到完全成为倒立动作。
- 双手向前移动，让双脚从墙上走下来，回到起始姿势。

单手支撑靠墙行走

- 胸部对着墙，成倒立姿势。
- 用一侧手臂承担体重，向外侧举起另一只手臂，并保持手与肩部等高。
- 用双手向左右方向移动身体，双手都要轮流到达肩部高度。
- 增加难度：用非支撑手去拍大腿。

反向墙壁行走

- 背对墙壁，距离墙 45~60 厘米站立。
- 双臂举过头顶，向后翻转身体成拱门式，手触到墙，然后触地。
- 将双手沿着墙壁向上移动，回到起始姿势。

鲤鱼打挺 – 不用手支撑

- 仰卧躺下，向上抬起膝盖和双臂。
- 腿与手臂向下方快速发力，依靠冲力向前起身，成深蹲动作。
- 伸直腿，回到站姿。
- 增加难度：在身体离开地板后，加一个空中跳跃的动作。

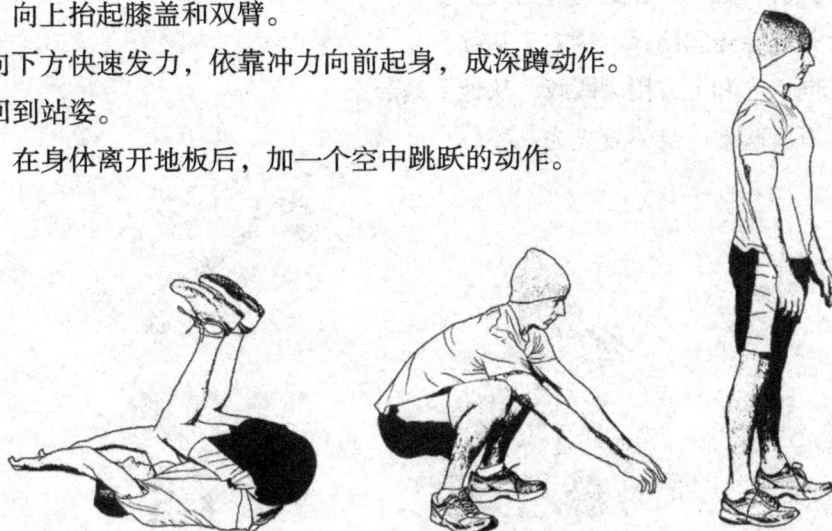

鲤鱼打挺 - 手枪动作

- 向后翻滚,背部落地。
- 双臂伸直保护头部,用后背在地上翻滚,以相反动作站起来。
- 在站起时,用一只脚作为支撑,抬起另一条腿。
- 向前摆臂,以单腿站立。

鲤鱼打挺 - 用手支撑

- 仰卧,双手放在头附近的地上。
- 抬起膝盖和髋部,蜷缩至胸部。
- 向前方和上方用力踢腿,从地上站起来。
- 双脚落地,身体直立为站姿。

肩部前滚翻

- 将双手和前臂放在地上形成三角形。
- 让一侧肩部接近地面，承担体重。
- 让身体向前移动，按照背部对角线的轨迹滚动。
- 双腿先后结束滚动，回到站姿。

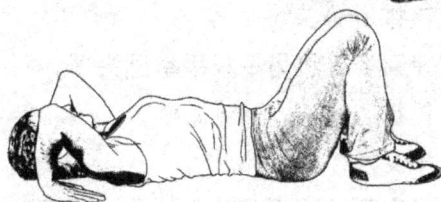

桥式支撑

- 仰卧，膝盖弯曲，双手放在耳朵附近。
- 收紧躯干肌肉，用双手和双脚支撑身体，将腹部向上抬起。
- 尽量伸直双臂和双腿，然后降低高度回到地面。

翻越障碍

- 使用矮墙、栏杆或是码放的垫子等作为障碍。
- 用一只手按住障碍物顶部，让整个身体翻越障碍物。
- 在跳跃翻越时，不要让脚触到障碍物。

箱子踏步

- 单脚踏在大箱子的顶部。
- 身体重心前移，伸直腿站起。
- 回到地面。

跳箱子

- 站在大箱子前 25~50 厘米处。
- 膝盖稍稍弯曲，然后跳上箱子顶部。
- 轻柔降落，伸直腿站立。
- 从箱子上跳下时动作尽量轻柔。

巴西战舞下蹲

- 蹲下，单臂伸直放在身后地上，呈三角支撑姿势。
- 保持蹲姿，将另一只手举过头顶。
- 身体重心前移，回到站姿。
- 双手交换作为支撑。
- 这是巴西土著人的防御动作，也是对灵活性和腿部力量的极好训练。

坐箱子和跳箱子

- 将两个箱子摆成一条直线，前后相距几十厘米。
- 坐在第一个箱子上，面向第二个箱子。
- 用爆发力向上跳跃，降落在第二个箱子上。
- 完全站起。
- 迈步落地，回到坐姿。

跳栏杆

- 站在低矮跨栏或其他障碍物前面几十厘米处。
- 从后向前摆臂跳跃，在空中蜷缩身体跳过目标。
- 保持腿部蜷曲，不要让脚趾碰到目标。
- 展开身体，落地时尽量保持轻柔。

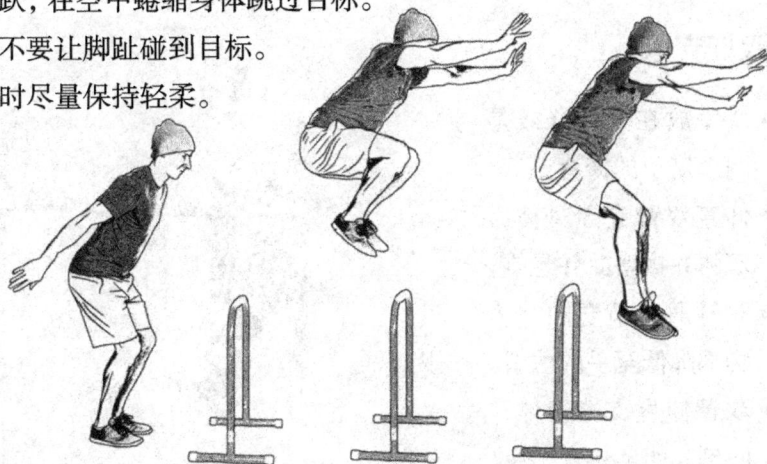

猴子爬架

- 找一个有若干平行条板的高架子，将
  身体悬挂在架子下方。
- 摆动身体，用手臂轮流向前移动。
- 尝试双手分开（尽量向前移动）。

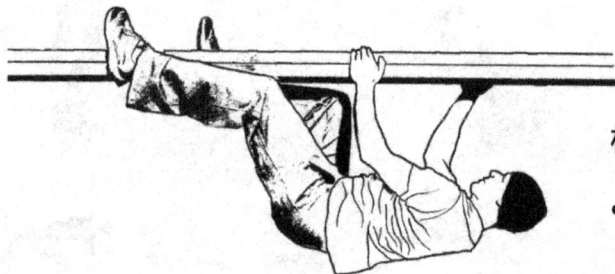

树懒爬杆

- 用手与脚将身体悬挂在一个
  架子或棍子的下方。
- 用手与脚沿着架子向前移动。
- 爬得越远越好。

双杠支撑

- 双手放在平行杆或是
  两个椅子的椅背上。
- 伸直双臂支撑身体，
  双腿并拢弯曲并悬空。
- 双臂肘关节弯曲，将
  胸部降低至手的位置。
- 双臂伸直支撑身体，
  回到起始姿势。

墙壁支撑

- 将上半身倚靠在墙壁边缘，双手放在身体两侧，双腿在身后并拢弯曲离开地面。
- 降低上半身，让胸骨到达墙壁高度，手臂紧贴肋骨。
- 肘关节伸直支撑身体，回到起始姿势。

肘关节旗帜

- 站在一根直杆旁边，双手上下相距 22 厘米，拇指向下，抓住杆子。
- 将下方手臂的肘关节置于肋骨的一侧。
- 向胸部拉杆子，双脚离开地面，让身体处于水平姿势。
- 收紧肩部与躯干的肌肉，双腿伸直，保持这一姿势越久越好。

肩部旗帜

- 站在一根垂直的杆子前方，将一侧肩胛骨的肌肉部位倚靠在杆子上。
- 双手高举过肩，抓住杆子，拇指向下。
- 以双手为支撑，将肩部和杆子靠在一起。
- 收紧躯干肌肉，向上快速抬起双腿，让腹部与地面平行。
- 如有可能，伸直双腿，但是不要让髋部塌陷到比胸部还低的位置。

蜷缩杠杆

- 双手距离两倍于肩宽上下分开，抓住健身架上的水平杆或是垂直杆。
- 双臂伸直，收紧躯干肌肉，双腿向上跳起，直到腹部平行于地面。
- 将双膝蜷缩至胸部，缩短人体杠杆的长度。
- 保持这一姿势，不要让骨盆低于头部位置。

侧踢杠杆

- 双手距离两倍于肩宽上下分开，抓住健身架上的水平杆或是垂直杆。
- 双臂伸直，收紧躯干肌肉，双腿向上跳起，直到腹部平行于地面。
- 展开下半身，上下分开双腿。
- 将这一姿势保持一会儿，然后回到地上，换另一侧练习。

完全侧向杠杆（人体旗帜）

- 双手距离两倍于肩宽上下分开，抓住健身架上的水平杆或是垂直杆。
- 收紧肩部与躯干肌肉，从地上抬起腿。
- 将腿抬起到比躯干还高的位置，然后下落到水平位置。
- 保持这一姿势，越久越好。

龙旗

- 躺在凳子上，双手过肩抓住凳子。
- 收紧肩部与躯干肌肉，让下半身直立起来，到达垂直于凳子的位置。
- 现在，降低身体高度，直到双腿在凳子上方十几厘米处。收紧肌肉，保持这一姿势。

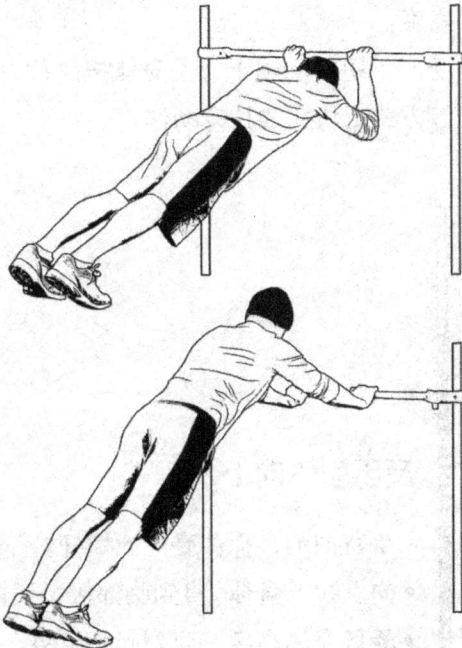

蜡烛踢腿

- 平躺，双腿完全伸展，双手分别置于髋部外侧十几厘米。
- 将髋部弯曲至胸部上方，提升腹部，直到双腿在身体上方完全伸直且垂直于地面。
- 保持颈部放松，用双臂支撑，稳定身体。
- 变形：在达到蜡烛踢腿姿势前，向上翻滚，用双脚支撑身体站起来。

自重头触杆

- 双手与肩同宽抓住横杆，身体成一条直线，用脚趾作为下方的支撑。
- 弯曲肘关节，降低头部高度至横杆处。
- 伸直肘关节，回到起始姿势。

曲臂悬垂

- 双手与肩同宽，抓住头顶上方的引体向上横杆。
- 跳起或是将身体拉升至肘关节完全弯曲的引体向上高度。
- 保持姿势一会儿。
- 变形：尝试手掌向前和手背向前两种动作，或是不同的肘关节弯曲度。

引体向上

- 手掌向前，抓住高处的横杆。
- 手臂和背部肌肉发力，将胸部向着横杆拉近。
- 不要让下颌接触横杆，然后降低身体高度。
- 变形：用摆动躯干或是身体扭曲蓄力等方式更快完成拉升动作。

反手引体向上

- 手背向前，抓住高处的横杆。
- 向上拉升身体，直到胸部接触横杆。
- 降低身体高度，回到起始姿势。

跳跃引体向上

- 站在较低的引体向上横杆下，或是使用一个箱子，站在较高的横杆下。
- 手掌向前，抓住横杆，下半身成半蹲姿势。
- 从地上或箱子上跳起，向着杆子拉升身体。
- 利用跳起时的动量，让胸部向上靠近横杆，然后降低高度回到起始姿势。

反向划船

- 将自己悬挂在低矮的横杆下方，将双脚放在地上。
- 收紧下半身的肌肉，用双臂将胸部拉升至横杆的位置。
- 降低背部高度，回到起始姿势。
- 增加难度：将双脚放在凳子或是健身球上。

单臂反向划船

- 身体在横杆下方，面向上，双腿伸直。
- 单手握住架子，让髋部离开地面，收紧躯干的肌肉，让身体成一条直线。
- 单臂拉升，让胸部到达横杆。
- 慢慢降低身体高度，收紧全身肌肉。
- 换另一侧手臂，重复动作。

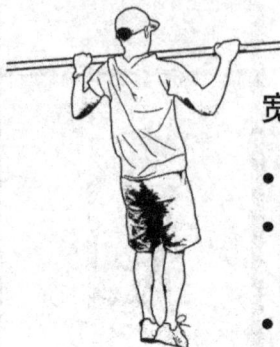

宽握引体向上

- 双手距离两倍于肩宽，握住横杆。
- 将胸部拉升至横杆，让下颌到达横杆以上。
- 降低身体高度，回到起始姿势。

窄握引体向上

- 双手并拢，手背向前，握住引体向上横杆。
- 攥紧横杆，将身体向上提升。
- 让下颌超过横杆高度，然后回到起始姿势。

突击队引体向上

- 侧向站在横杆下方，双手一前一后靠近，以相反方向抓住横杆。
- 将一侧肩部拉升到横杆位置，然后回到起始姿势。
- 在每次重复动作时，左右交换到达横杆的肩部。

不平衡引体向上

- 在横杆上绑一条毛巾或是绳圈。
- 一手抓住横杆，另一只手抓住毛巾。
- 将身体尽量高地向上拉升，然后落下。

毛巾引体向上

- 在引体向上支架上绑两条毛巾，双手分别抓住两条毛巾的末端。
- 从地上抬起脚，收紧肩部肌肉，将身体向上拉升。
- 让胸部到达双手抓毛巾的高度，然后落下。
- 攥紧毛巾，才不会滑脱掉下来。

头后方引体向上

- 双臂发力，将身体向横杆拉升。
- 头部稍稍向前，继续上拉，直到头部后方到达横杆高度。
- 在落下回到起始姿势之前，看看能否让背部上方接触横杆。

蜘蛛人引体向上

- 像做一般引体向上动作那样抓住横杆。
- 向躯干抬起一侧膝盖。
- 保持膝盖抬起,按照抬起腿的斜上方将身体向着横杆拉升。

头下脚上引体向上

- 头上脚下倒挂在引体向上支架上,弯曲膝盖。
- 使用双臂将身体向上拉升。
- 让臀部接触横杆,然后下降。

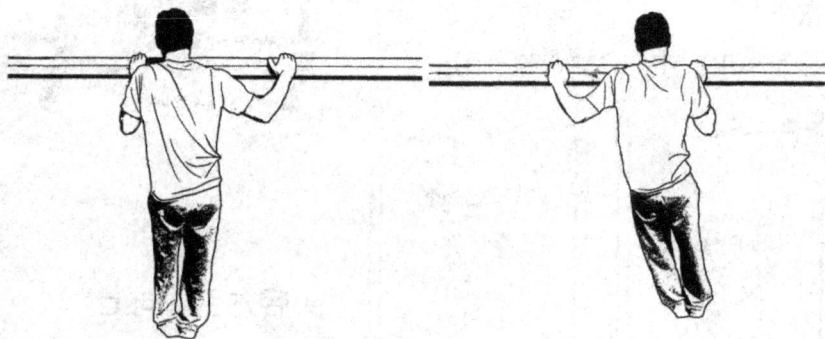

侧向移动引体向上

- 将胸部拉升至横杆。
- 让身体贴近横杆,同时用双手横向移动。
- 下降,然后重复。

正反手引体向上

- 分别用正手与反手方式抓住横杆，一手手掌对着自己，另一手手掌向前。
- 将胸部拉升至横杆，然后慢慢落下。

抓手腕引体向上

- 一只手抓住引体向上横杆，另一只手抓住握杆手的手腕作为支撑。
- 单臂拉升，不握杆的手臂作为辅助。

二指引体向上

- 双臂距离与肩同宽，只用食指和中指勾住引体向上横杆。
- 拇指向手掌收缩，双手成钩形。
- 收紧肩部肌肉，将身体向上拉升，让胸部靠近横杆。
- 用相反的动作顺序，慢慢下降回到起始姿势。

单臂悬挂

- 用单手抓住头顶上方的横杆。
- 抓紧，收紧肩部肌肉，双脚离开地面。
- 激活躯干肌肉，在单手悬挂时，不要让身体左右旋转。
- 保持姿势越久越好，然后换另一侧重复。

单臂引体向上

- 用一只手将身体悬挂在引体向上支架下。
- 收紧全身肌肉，用单臂将身体向着横杆拉升。
- 不用的手臂横向放在身体前方，作为额外的稳定性辅助。

L 形悬挂

- 双手与肩同宽抓住引体向上横杆。
- 收紧身体中部肌肉，将双腿抬起至水平位置。
- 保持膝盖伸直，脚趾指向上方，并将这一姿势保持数秒。

L 形引体向上

- 双手用正常姿势抓住引体向上横杆。
- 将双腿抬起至与地面平行的位置，身体成 "L" 形。
- 保持腿部姿势，完成引体向上动作。

腾空引体向上

- 手掌向下，悬挂在引体向上横杆下。
- 用尽全力将身体向着横杆拉升。
- 在胸部到达横杆高度时，放开双手，双臂快速向上举起，让身体继续向上运动。
- 在下落式抓住横杆，回到起始姿势。
- 增加难度：在抓住横杆前，在面前击掌。

双臂斜向引体向上

- 一只手抓住引体向上横杆，另一只手抓住立柱。
- 以抓住横杆的手为主，借助抓住立柱的手的一点辅助，将身体向着横杆拉升。

单杠支撑

- 身体在横杆上方，双臂伸直。
- 弯曲肘关节，将胸部降低至横杆位置。
- 保持重心在前方，将身体抬升至横杆上方。

肌肉支撑

- 做出引体向上的预备姿势，将身体悬挂在横杆下方。
- 用爆发力将身体向着横杆拉升，让头部与胸部越过横杆。
- 立刻让肩部向前运动，用将重心转移至手掌。
- 向下按压横杆，向上支撑身体，直到肘关节完全伸直。

反向单杠支撑

- 背对单杠，身体在横杆上方，用双手在身体后方作为支撑。
- 手指向前握住横杆。
- 保持躯干肌肉收缩，弯曲肘关节，降低身体。
- 在单杠下方，不要有过多的摆动动作。
- 双臂支撑身体，回到起始姿势。

俄罗斯支撑

- 双臂伸直，肩部位于手的正上方，将身体支撑在双杠上方。
- 弯曲肘关节，躯干向后。
- 放低前臂至双杠，双脚向前摆动，胸部向着相反方向运动。
- 到达最低的水平位置后，双臂发力，让肩部位于手的上方。
- 按压横杆伸直肘关节，支撑身体回到起始姿势。

冷饮式

- 用常规引体向上姿势将胸部拉升至横杆高度。
- 伸直肘关节，躯干向后向下移动，双腿与地面平行。
- 收紧全身肌肉，从头到脚成一条直线。
- 将动作反转，弯曲双臂，使胸部接触单杠。

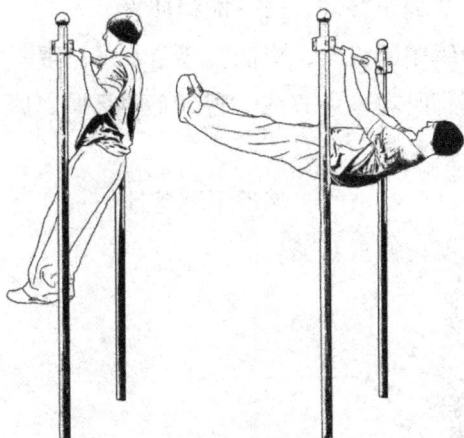

单杠转体

- 做出引体向上的预备姿势，在横杆下悬挂身体。
- 收紧躯干肌肉，让髋部向上移动到达横杆位置。
- 继续让髋部向上移动，越过横杆，直到全身越过横杆，双臂完全伸直。

蜷缩杠杆

- 用基本引体向上姿势将身体悬挂在横杆下。
- 向后滚动，直到身体与地面平行，将膝盖移动至胸前。
- 头部与骨盆在同一高度，保持这一姿势越久越好。

单腿前方杠杆

- 双手与肩同宽，抓住横杆。
- 将髋部向着横杆拉升，悬挂在横杆下方。
- 抬起一侧腿至腹部，另一侧腿伸直。
- 收紧身体中部肌肉，降低腹部至水平位置。
- 从头到脚趾成一条直线，臀部不要下坠，腰部不要折叠。
- 保持这一姿势数秒，然后下降落地。
- 增加难度：伸直双腿。

前方杠杆骑车

- 双手抓住引体向上横杆，将腹部抬升至水平位置，双膝移动至胸前。
- 收紧肩部，保持髋部和头在一条直线上。
- 一侧腿伸直，另一侧腿蜷曲，像骑车一样交替进行。

前方杠杆引体向上

- 悬挂在横杆下方，向后移动胸部，呈蜷缩前方杠杆的姿势。
- 身体保持水平，用双臂将身体拉升至横杆位置。
- 保持蜷缩前方杠杆姿势，回到起始姿势。
- 增加难度：向前方伸直双腿，成完整的前方杠杆姿势。

背部杠杆

- 双手手掌向前，将身体悬挂在横杆下方。
- 抬起膝盖至胸前，身体以肩部为轴向后旋转。
- 保持向后运动和头上脚下的姿势，直到胸部与地面平行。
- 保持头部与骨盆在一条直线上，时间越长越好。

单腿背部杠杆

- 双手距离与肩同宽，抓住头顶上方的横杆。
- 提升髋部到横杆，身体稍稍颠倒。
- 一侧腿蜷曲至腹部，另一侧腿伸直。
- 收紧身体中部肌肉，降低腹部直到它与地面平行。
- 从头到脚趾保持直线，臀部不要下陷，腰部不要弯曲。
- 保持这一姿势数秒，然后降低回到地面。

背部水平杠杆

- 悬挂在引体向上横杆下，抬起双腿到双臂之间。
- 在双脚经过双手位置时，伸直双腿，继续向后旋转，直到身体成水平状态。
- 收紧从肩部到髋部的肌肉，从头到脚保持在一条直线上。
- 身体不要折叠。
- 拍照或是找个同伴观察是身体否平行于地面。

水平悬垂

- 双手与肩同宽，将身体悬挂在引体向上横杆下方。
- 在双脚经过双手位置时，伸直双腿，继续向后旋转，直到身体为水平状态。
- 肩部发力，收紧身体中部肌肉，抬起脚，保持腿伸直。
- 躯干向后运动，将双腿抬起，让身体平行于地面。
- 停一会儿，回到起始姿势。

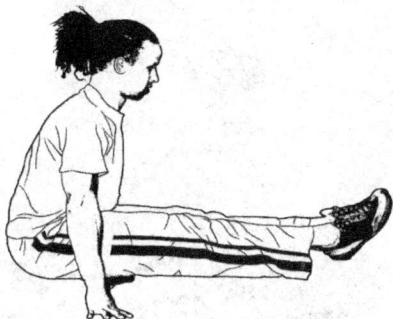

L 形坐姿

- 坐在地上，双腿伸直，双手放在地上，位于髋部前方。
- 收紧躯干与腿部肌肉，双手支撑身体离开地面。
- 尽量长久保持这一姿势。

L 形坐姿行走

- 坐在地上，双脚并拢，双膝伸直，双手置于髋部附近。
- 收紧躯干肌肉，用双臂支撑让身体离开地面。
- 保持 L 形姿势，双手交替向前移动身体前进。

肘关节杠杆

- 双手手掌放在箱子上，手指指向下，在箱子边缘向下弯曲。
- 前臂和肘关节夹紧躯干。
- 降低胸部到箱子上方，肘关节置于腹部两侧并夹紧腹部，尽量靠近肚脐。
- 当躯干在双臂上方时，从地上抬起脚，让整个身体平行于地面。
- 伸直双腿，从头到脚保持在一条直线上。
- 增加难度：在地上练习，双手平放，手指展开。

蜷缩手臂支撑

- 跪在地上，双手放在肩部下方的地面。
- 重心前移至双手，蜷曲收紧下半身。
- 双脚从地上抬起，保持这一姿势越久越好。

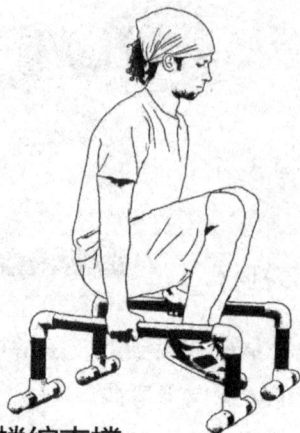

平行杆蜷缩支撑

- 保持挺胸，双手在肩部正下方，放在平行杆上支撑身体。
- 收缩下半身，双脚离地。
- 保持身体收紧，时间越长越好。

平行杆单腿 L 形坐姿

- 双手放在平行杆上支撑身体，一条腿在身体前方伸直，另一条腿蜷曲至胸前。
- 保持双臂和一条腿伸直，双脚离开地面。
- 收紧下半身肌肉，保持这一姿势，越久越好。

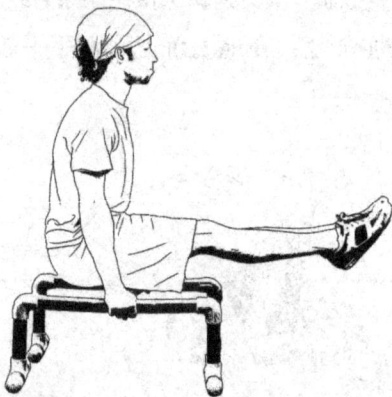

平行杆 L 形

- 双手放在平行杆上支撑身体，双腿在身体前方伸直。
- 保持双臂和双腿伸直，双脚离地，直到双腿平行于地面。
- 收紧下半身肌肉，保持这一姿势，越久越好。

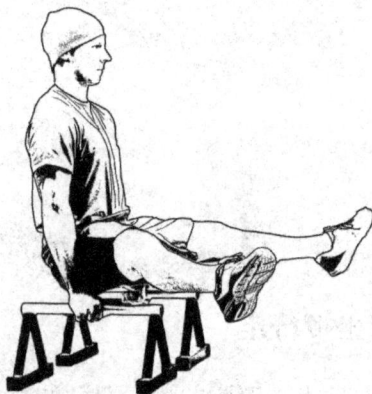

平行杆 V 形

- 和平行杆 L 形动作的姿势一样。
- 双腿向左右方向分开。
- 收紧下半身肌肉，保持这一姿势，越久越好。

平行杆前踢腿

- 身体蜷曲，双手放在平行杆上作为支撑，抬起膝盖，收紧至胸前。
- 双脚离地，双腿轮流向前伸直。
- 在双腿轮流向前伸直时，收紧肩部和身体中部肌肉，就像骑自行车那样。

平行杆 V 形动作

- 与平行杆 L 形动作相同的预备姿势。
- 双脚离地，抬起到至少肩部高度
- 收紧下半身肌肉，保持这一姿势越久越好。

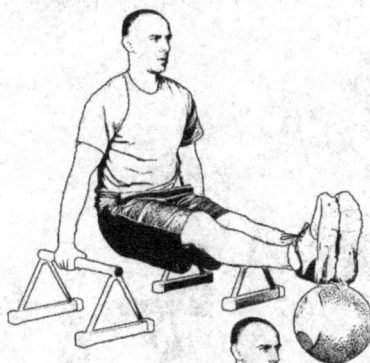

平行杆骑跨 V 形动作

- 与平行杆 V 形动作预备姿势相同，双腿左右分开。
- 双手支撑身体，双腿离开地面，双脚分开。
- 让髋部尽量前移，同时注意不要向后倾斜。

平行杆支撑

- 双手放在横杆上支撑身体，双腿向前伸直，放在药球或高出地面的物体上。
- 弯曲肘关节，让臀部接触地面。
- 伸直手臂，支撑躯干回到起始姿势。

223

平行杆俯卧撑

- 躯干在平行杆上方，双手在肩部下方。
- 弯曲肘关节，降低胸部到手的高度。
- 收紧下半身肌肉，再次向上支撑躯干。

平行杆身体支撑

- 蹲在地上，双手扶着平行杆。
- 用双手承担体重，让双脚离地。
- 膝盖蜷缩至躯干，将肩部与髋部保持在同样高度。
- 增加难度：展开身体，在身体后方伸直腿。

从平行杆身体支撑到 L 形坐姿

- 双手位于肩部下方，在平行杆上支撑身体。
- 重心前移，双脚离地，呈平行杆身体支撑姿势。
- 保持一会儿，然后放下脚，双腿从双臂之间穿过。
- 继续向前推动，伸直双腿，成 L 形坐姿。
- 让动作尽量保持顺畅。

平行杆分腿支撑

- 在平行杆上支撑身体，双肩位于双手正上方。
- 伸直双臂，身体前倾。
- 在重心充分前移后，双脚离地。
- 双腿左右分开并伸直，保持髋部与下背部发力。
- 尽量久地保持这一姿势，不要让腰部塌陷到低于平行于地面的位置。

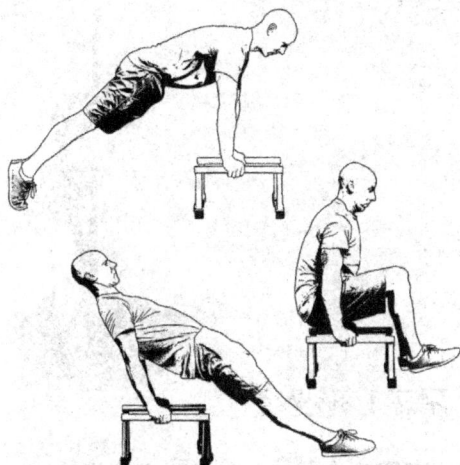

平行杆钟摆

- 在平行杆上方保持平板姿势，双腿在身体后方伸直。
- 胸部降低至手的位置，完成一次俯卧撑。
- 在向上支撑身体时，双脚从双臂之间穿过。
- 落地时，双腿伸直位于身体前方，伸展躯干，让髋部向上运动。
- 用肘关节完成一次支撑动作，让双腿向身体后方运动，回到起始姿势。

曲臂支撑

- 在平行杆上支撑身体，呈俯卧撑姿势。
- 双臂肘关节夹紧肋骨，重心前移，直到身体可以离开地面。
- 保持身体笔直，尽量展开髋关节。
- 降低难度：在开始动作时，让双腿蜷曲或是左右分开。

平行杆倒立俯卧撑

- 将平行杆放到墙边，呈倒立姿势。
- 收紧躯干，将头部降低到双手之间的地面上。
- 双臂完全伸直，向上推动身体。
- 增加难度：尝试不靠墙完成动作。

吊环悬挂

- 抓住一对儿吊环，伸直双臂支撑身体。
- 保持双臂紧贴躯干，向前旋转手掌，而不是让拇指向大腿方向旋转。
- 在保持姿势时，肩部下压，躯干稍稍前倾。

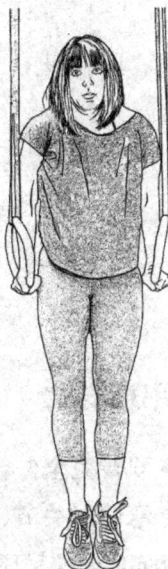

吊环蜷缩悬挂

- 双臂完全伸直，在吊环上支撑身体。
- 抬起膝盖形成蜷缩姿势。
- 向内侧拉吊环，保持蜷缩姿势，越久越好。

吊环 L 形坐姿

- 双臂完全伸直，在吊环上支撑身体。
- 双腿在身体前方抬起并完全伸直。
- 收紧下半身肌肉，保持这种姿势，越久越好。

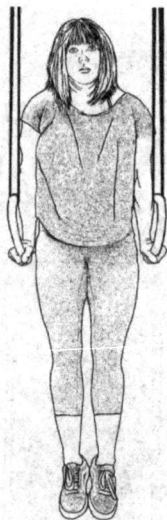

吊环引体向上

- 将身体悬挂在吊环下方，双臂放松并伸直。
- 将胸部拉升到吊环位置，下颌到达手上方的高度。
- 降低身体回到起始姿势。

吊环支撑

- 双臂完全伸直，在吊环上支撑身体。
- 弯曲肘关节，让胸部降低到手的高度。
- 向内侧拉吊环，支撑身体回到起始姿势。

射箭引体向上

- 做出吊环引体向上的起始姿势。
- 将胸部拉升至吊环时，像射箭一样，一侧手臂向外侧展开并伸直。
- 回到起始姿势，让展开的手臂回到身体正中。

吊环前倾支撑

- 将身体悬挂在吊环下方，成引体向上预备姿势。
- 用向上的爆发力，将胸部拉升至手的上方。
- 双肩向前，向内侧拉吊环，双臂完全伸直。

吊环转体

- 在吊环下方悬挂身体，髋部向上运动。
- 骨盆上移，直到身体倒悬，并继续以肩部为轴向后滚动。
- 如果没有什么不适感，双脚向后下降。保持这种悬挂姿势一会儿。
- 按照相反的动作顺序，在双肩之间转动身体，直到再次将身体倒悬。

吊环蜷缩悬挂

- 在吊环下方悬挂身体，膝盖向上蜷曲。
- 提升髋部，躯干后移。
- 当后背与地面平行、头与骨盆在一条直线时停止动作。保持这一姿势，越久越好。
- 增加难度：展开身体，双腿左右分开或是完全伸直。

吊环肱二头肌弯曲

- 悬挂在吊环下方，双腿伸直，脚跟落地。
- 双手肘关节贴紧身体两侧，双臂弯曲，下颌靠近吊环。
- 将动作局限在肘关节，实现有效的自体重肱二头肌弯曲。

吊环划船

- 在位置较低的吊环下悬挂身体，双腿伸直，脚跟落地。
- 肘关节向外扩展，将胸部朝向吊环拉升。
- 双肩肩胛骨尽量靠拢，作为对背部的自体重练习。
- 变形：将双脚放在凳子或健身球上。

吊环俯卧撑

- 将身体支撑在位置很低的吊环上，吊环距地面的高度为 12~35 厘米。
- 双脚放在地面上，弯曲双臂，让胸部靠近手的高度。
- 将吊环向身体内侧牵拉，向上支撑身体回到起始位置。
- 增加难度：将双脚放在凳子或健身球上。

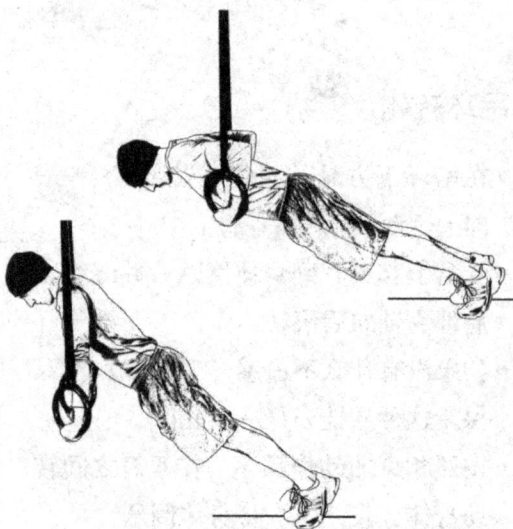

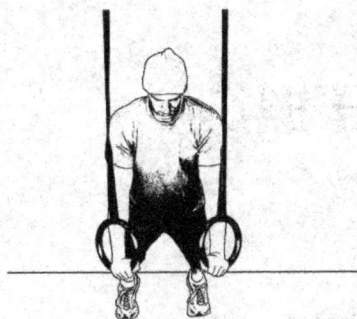

吊环射箭俯卧撑

- 与吊环俯卧撑的起始姿势相同。
- 向地面降低躯干高度，保持一手在胸部以下，另一手向侧面伸直。
- 在支撑身体回到起始姿势时，向身体下方牵拉吊环。

吊环飞燕

- 与吊环俯卧撑的起始姿势相同。
- 小心地展开双臂，朝向地面将胸部高度降低。
- 收紧上半身肌肉，牵拉吊环将双手收拢。

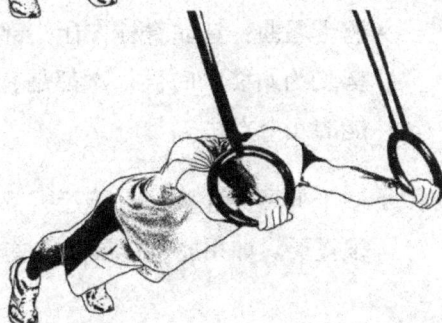

吊环双臂前举

- 与吊环俯卧撑的起始姿势相同。
- 收紧躯干与肩部肌肉，向前方远处按压吊环。
- 向地面降低躯干高度，将吊环拉回到身体下方，回到起始姿势。

第9章 躯干训练

强壮的手臂能让你做出悬挂、投掷、划船和推动物体等动作。强壮的腿能让你完成跑、跳、骑车、滑冰等动作。双耳之间的灰色物质可以指挥协调全身，但你为什么经常忽略躯干？

如果没有强大的核心力量，通过四肢产生力量的能力就会受阻，这会降低动作的效率。

试想：多数运动技能都涉及多个动作，需要上半身和下半身的合作，如果躯干力量差，就会严重影响将髋部产生的力量转移到肩部的能力。

拳击手挥拳就是一个完美的例子。髋部的微小位移带来躯干的旋转，让肩部具有额外的力量，产生挥鞭一样的拳击力量。躯干部位的任何薄弱环节都会导致上半身的力量缺失。

身体中部（核心部位）是怎样成为上半身和下半身之间的桥梁的？下面的5个关键功能，是对核心部位骨骼－肌肉动作的描述。

- 动作限制：去除躯干的多余动作，躯干能让上半身和下半身之间的力量传递更顺畅。平板动作以及它的所有变形，是实现这项功能的可靠方法。

- 躯干屈曲：弯曲脊柱，让头部接近骨盆是基本动作。在跳跃或是从倚靠姿势变为站姿的时候，这都是有用的。卷腹、仰卧起坐、抬腿是加强这一功能的几个方法。

- 躯干伸展：让头部去接近臀部，也许看上去这个动作并不重要，但其实它很重要。如果躯干伸展功能差，就不能用正确姿势游泳或是完成后滚翻。

- 躯干旋转：不论是单板滑雪的 360 度旋转，还是空手道的旋风踢腿，当你做旋转动作时，脊柱是与躯干联动的。腹部收缩来让上半身旋转，力量传递到脊柱，再带动下半身，强大的腹肌能让你的脊柱在运动时更有效率。

- 躯干侧向弯曲：让肋骨靠近骨盆，也许在所有运动技术中这并不是主流。但想想倒立侧向翻转和侧身这些需要让躯干侧向弯曲的动作，虽然玩这些动作的主要是杂技演员，但你最好知道，躯干侧向弯曲同样是基本动作。

还要指出：除了这 5 项肌肉动作，腹部还有第 6 个技能，将伸展、弯曲和旋转合并的对角线动作和多平面动作，这是更复杂的模式。不论是在生活中还是在运动中，复杂性动作无处不在。

本章中涵盖了以上所有类别的 132 项练习，不要只是做几个卷腹或平板的变式动作。认真研究每个类别，你就会收获动力强劲的躯干肌肉，获得以前不敢想象的运动能力。

一个关于核心力量的词语

最近几年，卷腹和仰卧起坐的名声都不太好。一些人担心这些动作会增加脊柱的劳损；另外一些人认为，它们不是更为有效的核心力量训练方式。

虽然如此，在本书中，你依然能找到许多卷腹和仰卧起坐的变形动作。

我希望你能都尝试一遍，而不是畏缩不前。

现在，不见得每个练习都适合你，如同本书开头的免责声明所言：你应当与医疗专业人士交流，哪些是安全的，哪些是该避免的。

卷腹

- 仰卧，膝盖弯曲，双脚平放在地上，双手放在头后方。
- 收紧腹肌，让头部和胸部离开地面。
- 让肩胛骨离开地面，然后回到起始姿势。

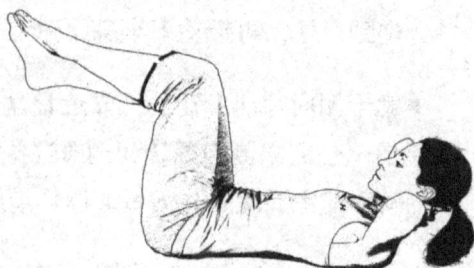

提膝卷腹

- 卷腹动作，双脚离开地面。
- 在躯干上半部分离开地面时，尝试保持膝盖和脚踝在一条直线上。

抬腿卷腹

- 卷腹动作，双腿向上伸直。
- 双脚脚踝相交，以获得更好的稳定性。

改进版卷腹

- 仰卧，一条腿伸直，另一条腿交叉越过伸直腿的膝盖。
- 双手放在下背部或是头部后方。
- 收紧腹肌，让躯干上半部分离开地面，和做一般卷腹动作一样。

倾斜卷腹

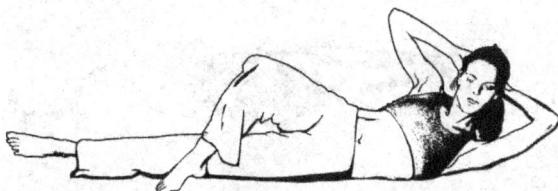

- 侧卧，用上方腿保持平衡。
- 双手放在头后方。
- 激活躯干侧面肌肉，让头部与肩部离开地面。

旋转卷腹

- 仰卧，双肩平放在地面，下半身向一侧旋转 90 度。
- 双手放在头部后方，以这一姿势做卷腹动作。

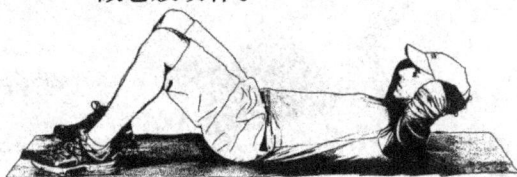

扭曲卷腹

- 仰卧，双手放在头部后方，双膝弯曲。
- 当肩部离开地面时，将一侧肘关节向另一侧膝盖靠近，让上半身旋转。
- 两侧轮换做重复动作。

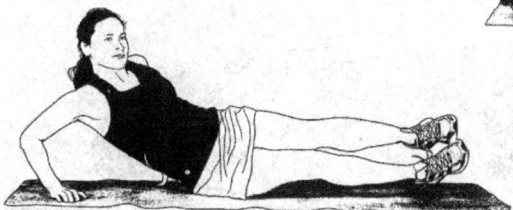

半倚靠卷腹

- 用双臂作为支撑，让一侧髋部接触地面，呈半倚靠姿势。
- 双脚离地靠近躯干，做反向卷腹动作。

反向卷腹

- 仰卧，双手放在髋部下方，双脚离开
  地面。
- 收紧腹肌，让双膝靠近胸部，做反向
  卷腹动作。

坐姿反向卷腹

- 倚靠在倾斜的凳子上，双手抓住头部后方凳
  子的一端，防止身体下滑。
- 用反向卷腹的动作，将膝盖提升至胸部。

骑车卷腹

- 仰卧，双脚离开地面，双手放在头部
  后方。
- 一侧膝盖向胸部运动，以便靠近另一
  侧肘关节，呈扭曲卷腹姿势。
- 两侧交换并重复动作。

颠倒卷腹

- 双手放在躯干两侧作为支撑，成半颠
  倒姿势。
- 双腿像骑车时一样，轮流向正上方运动。

蛙式卷腹

- 仰卧，双膝弯曲，双侧大腿分开。
- 上半身离开地面，将双手置于双腿之间。

大卷腹

- 仰卧，双腿与地面为 45 度角。
- 头与双肩离开地面，双臂伸展位于身体两侧。
- 保持这一姿势，让双臂慢慢抬起和放下。

鱼钩卷腹

- 仰卧，膝盖弯曲，一手放在头后方，另一只手臂在躯干同侧伸展。
- 让躯干上半部分离开地面，让伸展的手臂去靠近同侧的脚。

脚靠墙卷腹

- 仰卧，抬起双脚并靠在墙上。
- 双手放在头后方，让躯干离开地面，做卷腹动作。

摸脚趾卷腹

- 仰卧，双腿上举伸直并垂直于地面。
- 双臂伸直举起到胸部上方，做一个卷腹动作，让手指去摸脚趾。

旋转脚趾卷腹

- 仰卧，双腿上举伸直并垂直于地面。
- 双臂伸直举起到胸部上方，做一个卷腹动作，让双手手指去摸同一只脚的外侧。
- 每次重复动作时，两侧交换。

上下分腿卷腹

- 仰卧，一侧腿伸直举起并垂直于地面，另一侧腿伸直离开地面若干厘米。
- 双手放在头后方，胸部离开地面成卷腹姿势。
- 变形：双臂在胸部上方伸直举起，抱住举高的腿，重复该动作。

左右分腿卷腹

- 仰卧，双腿左右分开为 V 形并举高。
- 双臂在胸部上方伸直举起，做一个卷腹动作，双手去接触一只脚。
- 每次重复动作时，两侧交换。

划船卷腹

- 用双手支撑身体，呈半倚靠姿势。
- 让胸部和双脚离开地面或凳子。
- 将膝盖靠近胸部，然后再向外伸直。

站姿卷腹

- 站姿，双手放在头部后方。
- 抬起一侧膝盖，降低对侧肘关节，成扭转姿势。
- 前后走动，每次重复动作时，两侧交换。

仰卧起坐

- 仰卧，弯曲膝盖，双手放在头部后方。
- 收紧躯干与髋部肌肉，让躯干完全离开地面。
- 躯干继续向前运动，直到靠近大腿。

交替式仰卧起坐

- 仰卧，弯曲膝盖，双手放在头后方。
- 整个躯干离开地面，一侧肘关节触碰对侧膝盖。
- 每次重复动作时，两侧交换。

改进式仰卧起坐

• 仰卧，一侧膝盖弯曲，另一条腿离开地面。

• 双手放在头后方，做仰卧起坐，让胸部靠近大腿。

• 在整个动作中，保持一条腿离开地面。

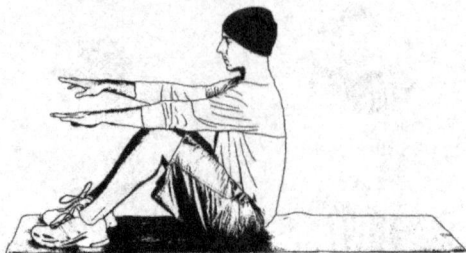

逆向仰卧起坐

• 坐在地上，弯曲膝盖，让胸部贴近大腿。

• 慢慢向后躺下，让脊柱接触地面。

• 在肩部接触地面前停下，然后按照相反动作顺序回到起始姿势。

凳子仰卧起坐

• 蹲下，身体与凳子垂直，下背部依靠在凳子上。

• 躯干后仰，让脊柱充分向后弯曲。

• 收紧腹肌，做仰卧起坐动作，让胸部离开凳子。

抱膝仰卧起坐

• 仰卧，呈仰卧起坐的预备姿势。

• 收紧腹部肌肉，让躯干和脚都离开地面。

• 在躺下前抓住膝盖。

负重仰卧起坐

- 仰卧，摆出仰卧起坐的预备姿势，双手在胸前拿一个杠铃片。
- 做一个仰卧起坐，将杠铃片作为额外阻力。
- 变形：也可以使用药球、哑铃或壶铃。

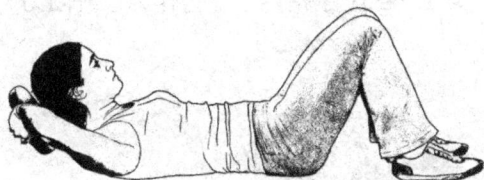

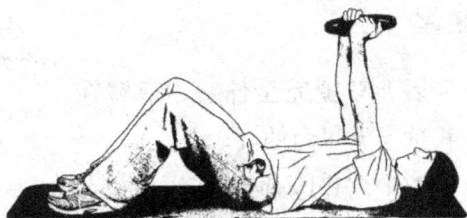

过头负重仰卧起坐

- 仰卧，弯曲膝盖，双臂在胸部上方伸直举起杠铃片。
- 做一个仰卧起坐，将杠铃片举起到头的上方。
- 一直保持手臂伸直。

头后方负重仰卧起坐

- 仰卧，弯曲膝盖，双手将一个杠铃片放在头后方。
- 保持杠铃片在头后方，做仰卧起坐。

坐起

- 仰卧，双腿完全伸直，双臂在头顶上方尽力伸展。
- 让躯干离开地面，双臂向前。
- 躯干继续向前运动，保持双腿在地面，完成动作时，躯干呈挺拔坐姿。

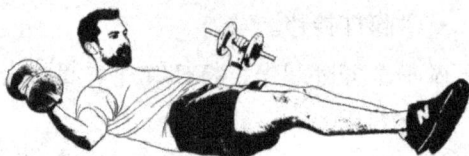

蝴蝶仰卧起坐

- 仰卧，双臂展开，双腿离开地面若干厘米。
- 在胸部离开地面时，双手合拢，膝盖向上弯曲。
- 张开双臂，降低躯干高度到地面。
- 增加难度：手持两个哑铃作为额外阻力。

仰卧起坐壁球

- 仰卧，双膝弯曲，双脚接近墙壁。
- 双手在胸前拿一个药球。
- 完成一个仰卧起坐，同时向着墙壁投掷药球。
- 接住药球，轻缓落地。

完全弯腰仰卧起坐

- 坐在平衡杆上，双脚勾住前方的一根横杆，臀部坐在另一根杆上。
- 头部和躯干后仰，尽量接近后方的地面。
- 收紧腹肌，做一个完全弯腰的仰卧起坐，胸部向上，回到起始姿势。
- 增加难度：双手在头部正上方举起。

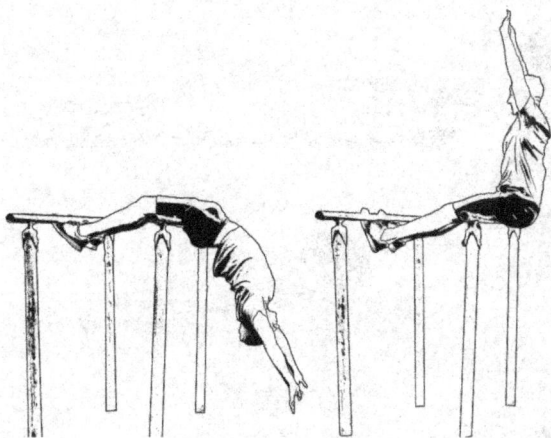

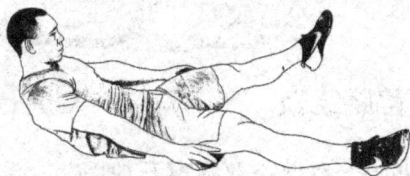

团身下陷仰卧起坐

- 仰卧，双脚离地，让大腿垂直于地面。
- 腰椎保持水平，收紧核心肌肉，让肩部离开地面。
- 抬起头与锁骨，保持这一姿势一会儿。

分腿下陷仰卧起坐

- 仰卧，双腿左右分开。
- 腰椎保持水平，收紧核心肌肉，让肩部与双脚离开地面。
- 收紧躯干肌肉，保持这一姿势一会儿。
- 在下背部离开地面时，记得呼吸并放松双脚和肩部。

下陷仰卧起坐

- 仰卧，伸展双腿，将双臂展开至头部上方。
- 腰椎保持水平，收紧核心肌肉，保持姿势。
- 在头和肩部离开地面时，也让双手和双腿离开地面。
- 想象从锁骨到耻骨由一根绳子贯穿，这样你的肋骨就不会向上突出了。
- 放松颈部，呼吸并保持这一姿势数秒。

下陷跷跷板

- 仰卧，双臂与双腿离开地面。
- 脊柱处于水平位置，收紧腹部肌肉。
- 前后滚动，让手与脚交替落地。

蜷曲

- 仰卧，双腿伸直，双臂在头顶上方展开。
- 弯曲双膝，上半身离开地面，呈蜷曲姿势。

左右分腿 V 形坐姿

- 仰卧，双腿左右分开。
- 收紧身体中部肌肉，胸部与双腿离开地面。
- 继续抬高胸部与双腿，直到胸部几乎垂直于地面，双臂穿过双腿向前平举。
- 在躯干离开地面时，尝试以髋关节为轴，而不是弯曲脊柱。
- 回到地面，重复该动作。

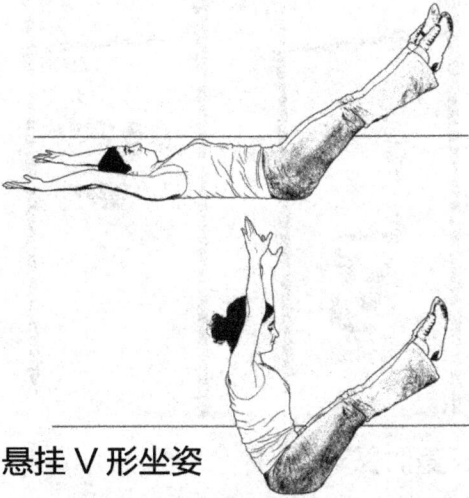

悬挂 V 形坐姿

- 仰卧，双臂伸展，双腿与地面形成45度角。
- 收紧腹肌，让胸部离开地面，双手垂直向上举起。

V 形坐姿

- 仰卧，双腿完全伸展，双臂在头顶上方伸直。
- 收紧核心肌肉，以腰部为轴，让双腿离开的地面，靠近双臂。
- 尝试用手指去摸脚趾，然后回到起始姿势。

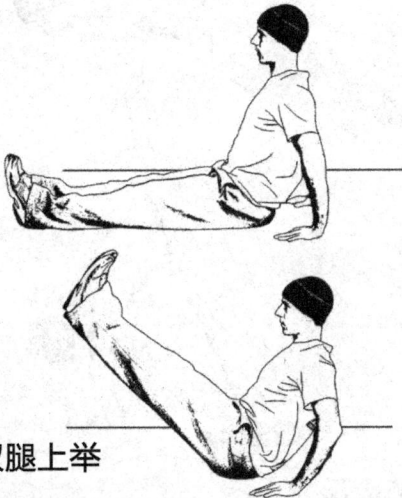

双腿上举

- 坐在地上，双腿伸直，双手放在髋部。
- 收紧核心肌肉，双腿向上离开地面，越高越好。
- 变形：在凳子上尝试，双腿可以下落到更低的位置。

楔形压缩

- 坐在地上，双腿紧紧并拢并且在身体前方伸直。
- 以腰部为轴，身体前倾，双手分别放在身前方的脚踝的两侧。
- 收紧腹肌，让双脚离开地面,越高越好。
- 双腿回到地面，重复该动作。
- 降低难度:将双手分别放在膝盖两侧，减少对躯干的压缩。

悬挂提膝

- 在杆下悬挂身体，双手握杆方式同常规引体向上。
- 将膝盖提高至胸部，保持双脚并拢。

膝盖肘关节

- 与悬挂提膝的姿势相同。
- 将膝盖提高至肘关节的高度。

脚趾过杆

- 在杆下悬挂身体，双手保持标准引体向上的宽度。
- 双腿伸直，将双脚提高至横杆的高度，尽量不要让胸部过分后仰。
- 在降低腿的高度时，保持动作顺畅、有控制。

毛巾拖拽

- 以俯卧撑姿势趴在地上，双脚踩在一块毛巾上。
- 双脚向双手靠近，身体呈楔形姿势。
- 将毛巾向后移动，回到起始姿势。

健腹轮

- 跪在地上，双手位于肩部正下方，支撑在小号健腹轮上。
- 将健腹轮在地上向前推，让躯干与地面平行。
- 将健腹轮回拉至膝盖，回到起始姿势。
- 变形：如果没有健腹轮，可以用哑铃或安装有小把手的杠铃片。

地板抹布

- 跪在地上，双手位于肩部正下方，按住毛巾。
- 身体尽量前倾，然后回到起始姿势。
- 增加难度：向左右两侧倾斜一定角度。

臀部摩托

- 坐在地上，双脚离开地面。
- 双手手指向前，用手掌推动身体离开地面。
- 继续双手用力，双臂向后，推动身体前移。
- 再次坐下，双手向前，重复移动过程。

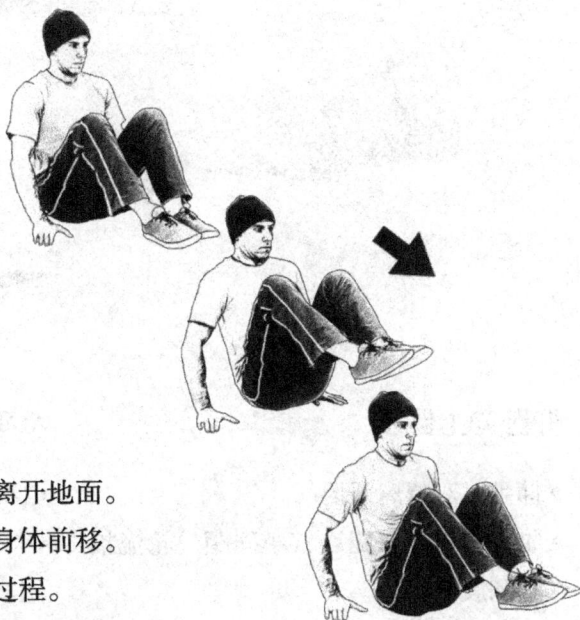

剪刀式踢腿

- 仰卧,一条腿垂直伸直,另一条腿稍稍离开地面。
- 收紧腹部,将垂直的腿放低,将下方的腿抬起至垂直位置。

悬挂剪刀式踢腿

- 双手以常规的引体向上宽度握杆,悬挂在横杆下方。
- 将一条腿抬起至水平位置,然后放下,同时抬起另一条腿。
- 将双腿轮流向上抬起。

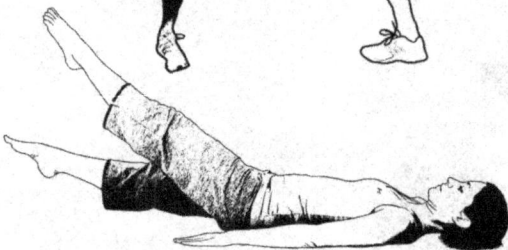

仰卧向上踢腿

- 仰卧,双腿离开地面。
- 收紧腹部,双腿以较小间距,轮流抬起和放低。

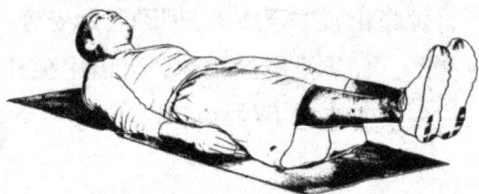

水平剪刀式踢腿

- 仰卧,双腿离开地面若干厘米。
- 收紧核心肌群,然后让双腿左右分开与并拢,就像剪刀开合一样。

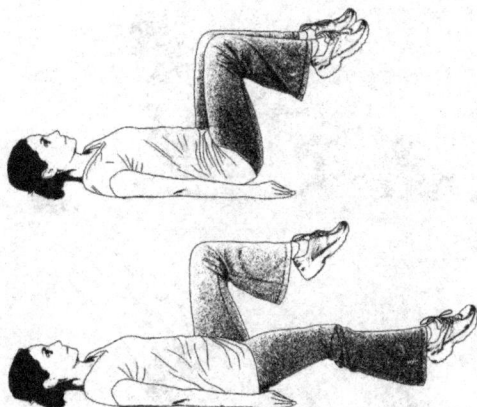

单腿伸展

- 仰卧，双腿离开地面，双膝高于骨盆。
- 收紧核心肌群，让一侧腿降低至地面。
- 双腿交替，重复动作。

双腿伸展

- 仰卧，双腿离开地面，膝盖高于骨盆。
- 收紧核心肌群，伸直双腿并降低至地面。
- 在双腿落地前，抬起双腿回到起始姿势。

昆虫式

- 仰卧，髋关节与膝关节角度都为90度。
- 下背部保持水平，收紧腹部肌肉，保持脊柱的正常形态。
- 将双臂举过头顶，伸直一侧手与对侧脚。
- 收回伸出的肢体，让另一侧肢体重复刚才的动作。
- 想象自己是一只虫子，背部向上，用脚挣扎。

腿下落

- 仰卧，双腿伸直向上举起。
- 收紧核心肌肉，将双腿降低到地面，但是不要触地。
- 再次抬起双腿，重复动作。

夹药球腿下落

- 仰卧，用双脚夹紧一个药球。
- 收紧核心肌群，将药球降低到地面。
- 按照相反的顺序做动作，直到再次夹药球落地。

青蛙抬腿

- 仰卧，双脚向胸部靠近，双膝左右分开。
- 收紧核心肌群，双腿向上方45度伸直。
- 将膝盖收缩至腹部，然后重复该动作。

骨盆推进

- 仰卧，双腿伸直并与地面垂直。
- 收紧腹部肌肉，让双腿指向正上方，同时让骨盆离开地面。

扭动骨盆推进

- 仰卧，双腿伸直并与地面垂直。
- 收紧腹肌，让双脚向着正上方，同时扭转髋关节，让骨盆以一定角度离开地面。

V 形坐姿

- 坐在地上,伸直双腿,用臀部保持平衡。
- 绷直脚尖,尽量提升脚的高度。
- 收紧核心肌肉,尽量久地保持这一姿势。

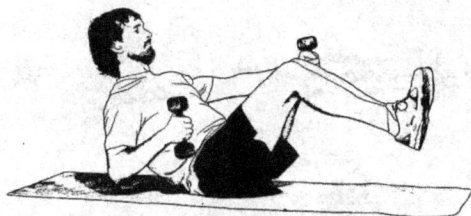

划船 V 形坐姿

- 坐在地上,弯曲双腿,用臀部保持平衡。
- 收紧核心肌肉,双臂交替快速地向前伸直和向后弯曲。
- 增加难度:双手各持一个哑铃。

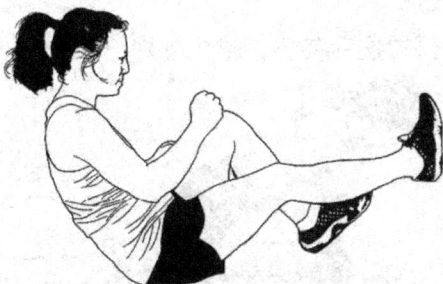

冲刺 V 形坐姿

- 坐在地上,伸直双腿,用臀部保持平衡。
- 像跑步那样,双腿轮流向前方蹬踏。
- 双手握拳上下移动,模仿自然跑步时的动作。

攀绳 V 形坐姿

- 坐在地上,伸直双腿,用臀部保持平衡。
- 一侧手臂像抓住绳索一样举过头顶。
- 上方手向下收回,像用绳攀登一样举起下方手。
- 双腿像辅助攀登那样上下运动。

划桨Ⅴ形坐姿

- 坐在地上,用臀部承担体重,双脚离地。
- 握住一根杆子或是一个杠铃,像划皮艇那样左右扭转腹部。

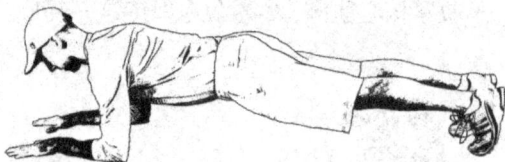

动态侧向Ⅴ形坐姿

- 侧卧,只用身体一侧落地。
- 下方手用力支撑躯干,让双腿离地。
- 尽量发挥躯干的柔韧性,尝试用上方手去摸脚趾。

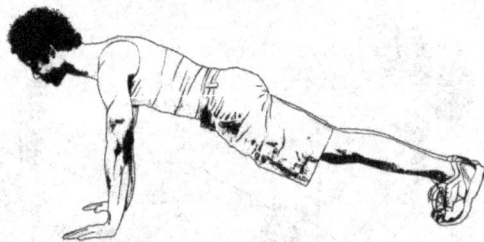

肘关节平板支撑

- 将前臂放在地上,向后伸展下半身,用脚趾支撑身体。
- 固定肩部,保持脊柱平直,收紧核心肌群。
- 保持这一姿势,越久越好。

平板支撑

- 将双手放在地上,向后伸展下半身,用脚趾支撑身体。
- 固定肩部,保持脊柱笔直,收紧核心肌群。
- 保持这一姿势,越久越好。

改进式平板支撑

- 将双手放在地上,下半身向后伸展,用膝盖支撑身体。
- 固定肩部,保持脊柱笔直,收紧核心肌群。
- 保持该姿势,越久越好。

改进式肘关节平板支撑

• 将前臂放在地上，呈改进式平板支撑姿势。

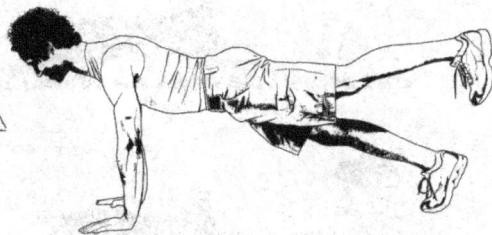

抬升平板支撑

• 将双手放在凳子上，向后伸展下半身，用脚趾支撑身体。
• 固定肩部，保持脊柱笔直，收紧核心肌群。

三点肘关节平板支撑

• 将前臂放在地上，做三点式平板支撑。

三点式平板支撑

• 将双手放在地上，向后伸展下半身，用一只脚支撑身体。
• 另一侧腿离地并尽量抬高。
• 固定肩部，保持脊柱平直，收紧核心肌群。

单臂平板支撑

• 趴下成平板姿势，用双脚脚趾和双手手掌承担体重。
• 先将一只手放在胸部后方正中位置，然后换另一只手。
• 收紧从躯干到髋部的肌肉，注意不要让腰部塌陷。
• 双腿可左右分开，来增加稳定性。

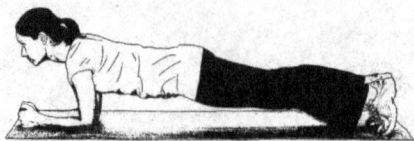

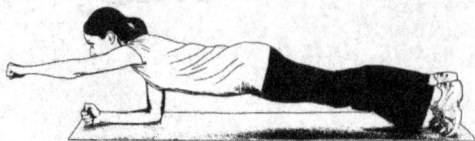

两点式平板支撑

- 将前臂放在地面上，伸展下半身，只用一只脚落地。
- 保持三点式平板支撑的姿势，举高一侧手臂。
- 增加难度：用手而不是肘关节支撑身体。

平板举臂

- 将前臂放在地面上，伸展下半身，用脚趾支撑身体。
- 保持平板动作，同时举高一侧手臂。
- 增加难度：用手而不是肘关节支撑身体。

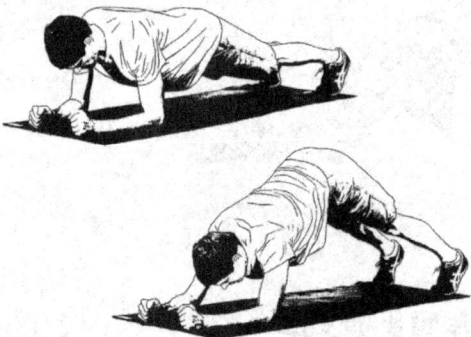

拉伸平板支撑

- 双手放在地上，位于肩部与头部上方。
- 下半身充分伸展，用脚趾支撑身体。
- 固定肩部、髋部并收紧核心肌群。
- 让身体离开地面，时间越长越好。

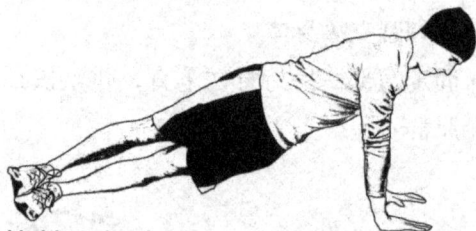

旋转平板支撑

- 将双手放在地面上，下半身展开，将骨盆向一侧旋转 90 度。
- 双脚上下并拢，收紧肩部肌肉和核心肌群。
- 尝试尽量持久地保持这一姿势。

动态平板支撑

- 将前臂放在地上，呈现平板支撑的姿势。
- 肘关节作为支撑，臀部尽量向上移动。
- 回到起始姿势并重复。

分腿平板支撑

- 平板姿势,用双手和肘关节支撑身体。
- 收紧肩部与腹部,然后跳跃分开双腿。
- 再用跳跃动作并拢双腿,然后重复双腿的分开－并拢动作。

有支撑平板划船

- 一只手在凳子上支撑身体,下半身向后伸展,呈平板姿势。
- 非支撑手持哑铃,用划船动作举起至胸部,收紧髋部、腹部和对侧肩部的肌肉。

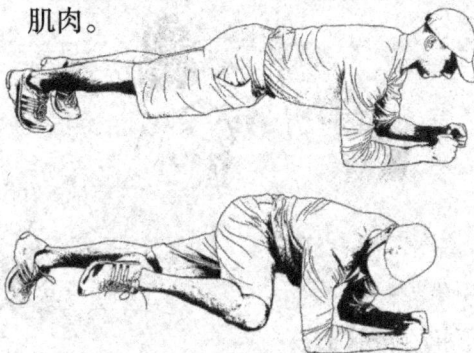

平板划船

- 在地面上用基本平板动作支撑身体。
- 将一只手抬高至胸部,再放到地上,然后用另一只手重复动作。
- 增加难度:双手各拿一个哑铃。

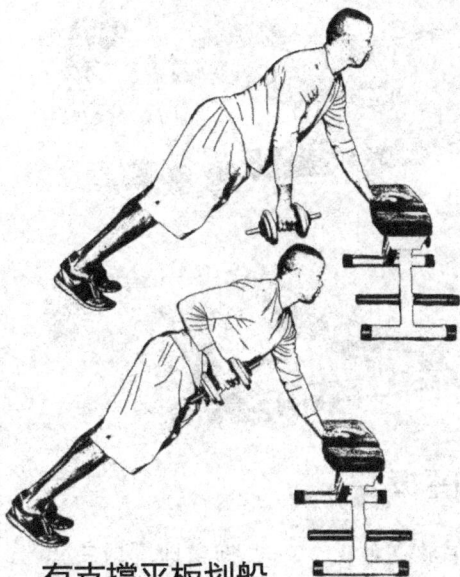

平板侧向卷腹

- 将前臂放在地上,呈平板姿势。
- 收紧核心肌群,一侧膝盖向上向外移动。
- 将膝盖移动至肘关节附近,让身体完成一个轻微卷腹动作。

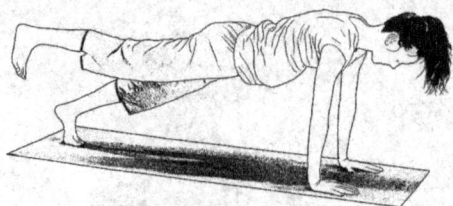

扭曲平板

- 双手放在地上，一只脚离地形成三点支撑。
- 将抬起的腿放到身体下方，并且移动到对侧。

平板侧向跳跃

- 以平板姿势开始，用双手和脚作为支撑，身体成一条直线。
- 双脚和双膝并拢，向身体的一侧跳跃。
- 躯干蜷缩，尝试让膝盖碰到肘关节。
- 跳跃回到起始姿势，再向着另一侧的手臂跳跃。
- 身体尽量蜷缩，下半身的扭转动作要尽量顺畅。

平板侧向迈步

- 以平板姿势开始，用双手和双脚支撑身体。
- 向外移动同一侧的手与脚，幅度越大越好。
- 向同一方向移动另一侧的手与脚，让身体回到平板姿势。
- 用这样的水平动作在地上横向移动。
- 进行左右两个方向的练习。

平板升降

- 以前臂平板支撑姿势开始，用前臂和双脚支撑身体。
- 抬起一侧的手臂，在伸直肘关节时，手掌向下。
- 对侧手臂重复这一动作，伸直双臂，与双脚共同支撑身体。
- 按照相反的顺序，每次活动一侧的手臂，降低并回到肘关节支撑的姿势。
- 重复这样的升降动作，交替进行前臂平板支撑和直臂平板支撑。

桌式伸展

- 坐在地上，双脚在髋部前方大约30厘米处。
- 双手位于身体后方，手掌支撑地面，手指向后。
- 收紧躯干肌肉，用手和脚的力量将骨盆抬高。
- 躯干与地面平行，放松颈部，保持姿势并呼吸若干次。

平板行走

- 以仰卧平板姿势开始，用手和脚承担体重，胸部向上。
- 将一只手放在身后，推动身体在地上移动。
- 保持髋部抬起，继续在身体后方用双臂推动自己前进。
- 在双脚下方放一块毛巾或是一个容易滑动的物件，使移动身体变得轻松一些。

桌式单臂上举

- 坐在地上，膝盖弯曲，双脚放在髋部前方 30 厘米处。
- 一只手放在地上，在身体后方 30 厘米处，手指指向后方。
- 用手与脚的力量让骨盆离开地面。
- 将躯干向上移动至平行于地面，尽量展开髋关节，胸部保持水平。
- 保持这一姿势并进行若干次呼吸，更换支撑手，重复动作。

侧向平板

- 一只手支撑在地上，双脚上下叠放并拢。
- 用一只手和下方脚的外侧承担体重。
- 收紧肩部、躯干、髋部的肌肉，让身体保持在一条直线上。
- 将上方手臂举过头顶，尽量长久地保持这一姿势。

侧向平板抬腿

- 在地上成侧向平板姿势，用手和脚支撑身体。
- 向上抬起上方腿，让它与地面平行。
- 收紧肩部、核心和髋部肌肉，尝试尽量久保持姿势。

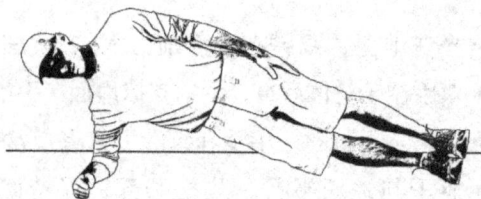

侧向肘关节平板

- 一侧前臂支撑在地上，用肘关节和下方脚的外侧承担体重。
- 收紧肩部、核心和髋部肌肉，尝试尽量久地保持这一姿势。

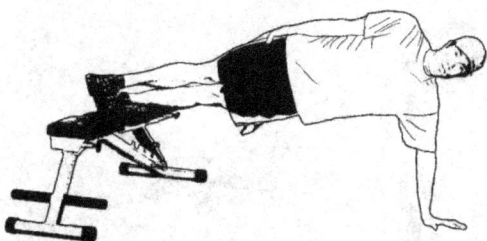

侧向平板－双脚高位

- 一只手放在地上，双脚放在凳子上。
- 以侧向平板姿势支撑身体，越久越好。
- 增加难度：向上抬起上方的腿或手臂。

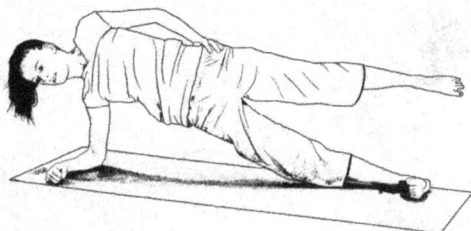

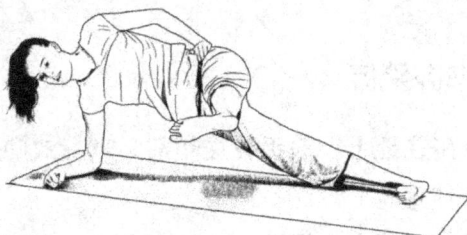

侧向平板与提膝

- 在地上成侧向平板姿势。
- 将下方腿蜷缩至胸部。
- 抬起腿，保持这一姿势越久越好。

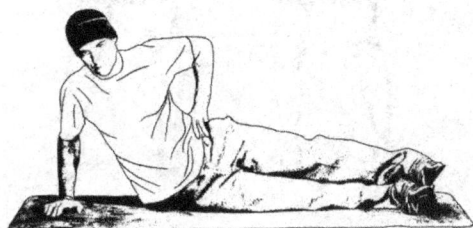

动态侧向平板

- 侧卧，用一侧手臂支撑躯干。
- 以手臂作为支撑，让骨盆向上运动。
- 在躯干上升和下落的过程中，让下方腿的肌肉发力。

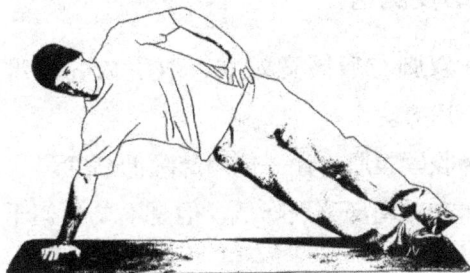

侧向平板踢腿

- 单臂支撑身体，以侧向平板姿势开始。
- 收紧核心肌群和下方腿的肌肉，让上方腿前后摆动。
- 在腿部做动作时，不要让躯干旋转或塌陷。

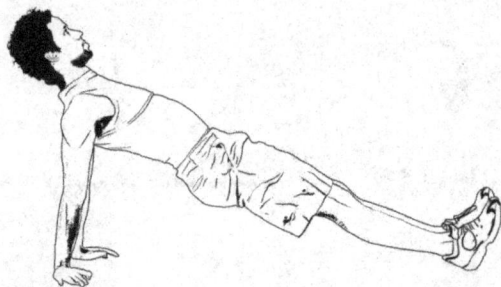

仰卧平板

- 坐在地上，双手放在髋部附近，双腿伸直。
- 将髋部向上提升，让整个身体从肩部到脚踝成为一条直线。

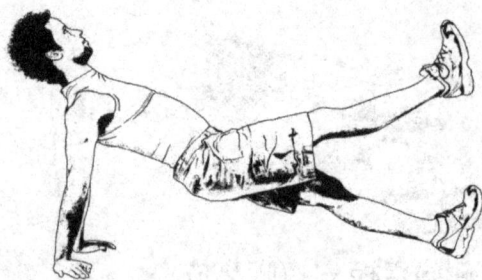

三点式仰卧平板

- 以仰卧平板为预备姿势。
- 尽力抬高一条腿。
- 保持肩部、核心和髋部在同一条直线上。
- 保持这一姿势，越久越好。

站姿侧弯

- 双脚与肩同宽站立，双手放在头部后方。
- 收紧腹肌，让一侧肩部降低高度。
- 左右肩部分别降低，但是不要让躯干旋转。

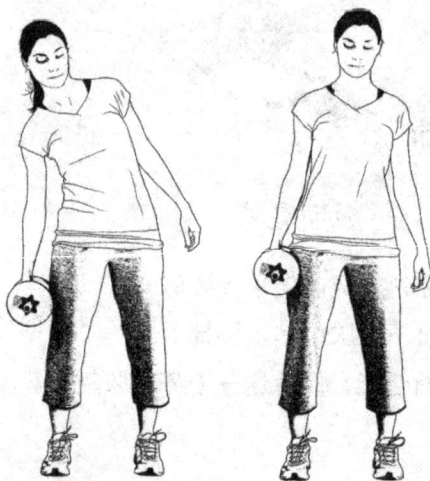

哑铃侧弯

- 双脚与肩同宽站立，在身体一侧提起一个哑铃。
- 躯干向哑铃一侧弯曲，然后回到中正位置。
- 双手交替持哑铃，在身体对侧重复这一动作。

萨克森侧弯

- 将杠铃片举过头顶，双臂伸直。
- 躯干侧弯，将杠铃片向一侧移动。
- 收紧腹肌，让躯干回到中正位置。
- 向另一侧重复此动作。
- 变形：用哑铃或药球作为阻力。

交替摸脚趾

- 双脚比肩略宽站立，将哑铃举起至骨盆高度。
- 向身体的一侧放下哑铃。
- 背部肌肉用力，让躯干回到站立姿势。
- 换身体的另一侧重复该动作。

横杆转体

- 双脚与肩同宽站立，将横杆或杠铃杆背在肩部后方。
- 收紧腹肌，将躯干向一侧旋转。
- 回到中正位置，再向另一侧旋转。

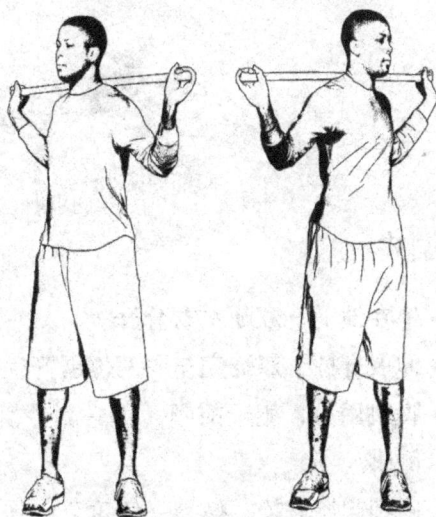

药球转体

- 将药球举起至胸部高度，双臂完全伸直。
- 收紧核心肌群，手持药球从左向右转动躯干。
- 变形：让药球稍稍靠近身体。

俄罗斯转体

- 坐在地上，双膝弯曲，双手在胸前抱持药球。
- 收紧核心肌群，开始拿着药球，从一侧转向另一侧。
- 在旋转躯干时，保持脊柱伸展。
- 变形：用哑铃或杠铃片，尝试让双手远离身体。

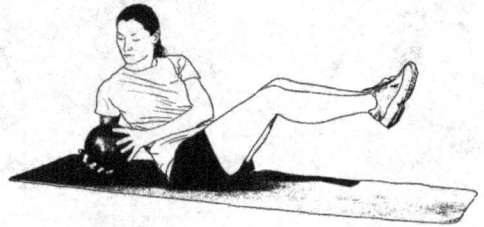

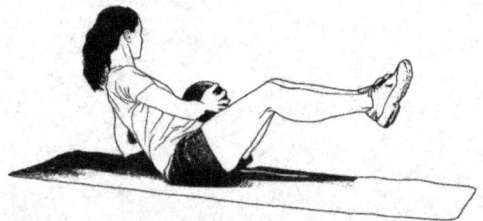

锯式

- 坐在地上，双腿左右分开。
- 伸展脊柱，双臂完全向两侧展开。
- 腹肌用力，躯干前倾，用一侧手摸对侧脚。
- 回到起始姿势，换另一侧重复动作。

俄罗斯转体 – 双脚离地

- 坐在地上，用臀部保持平衡，双脚离地。
- 将药球举起至身体前方，躯干从一侧转向另一侧。
- 收紧核心肌群，不要让胸部塌陷降低。

地板转体

- 仰卧，双脚离地，双膝 90 度弯曲。
- 收紧腹肌，让双膝从一侧向另一侧旋转。
- 增加难度：用双膝夹住一个药球，作为额外阻力。

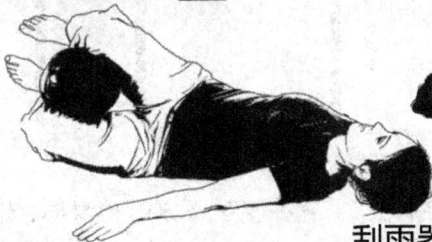

刮雨器

- 仰卧，伸直双腿向上举起，与地面垂直。
- 收紧腹肌，将双腿向一侧降低。
- 在双腿触地前，改变动作方向，像汽车刮雨器那样往复运动。

股四头肌滑雪

- 双手放在地上，双脚在身体后方，双膝上下排列。
- 将重心转移到双臂，双腿如同做猫跳滑雪动作那样向两侧跳跃。
- 在左右旋转时，保持核心肌群收紧。

股四头肌核心扭转

- 双手放在地上，一侧腿在身体后方伸直，另一侧腿位于躯干下方。
- 将重心转移到双臂，双腿左右跳动，每跳一次就改变方向。

悬垂转体

- 在支架下方悬挂身体，双膝蜷缩在胸前。
- 收紧一侧躯干的肌肉，让双腿向这一侧抬高。
- 将双腿降低至正中位置，更换为向另一侧抬高。

悬垂刮雨器

- 在支架下方悬挂身体，双腿向前伸直，与髋关节形成 90 度角。
- 胸部后移，进一步抬高双腿。
- 从一侧向另一侧旋转骨盆，双腿在垂直于地面的平面内，像汽车玻璃刮雨器那样往复运动。

旋转式脚趾过杆

- 双手与肩同宽，抓住引体向上支架。
- 收紧身体中部肌肉，将双腿举起至身体一侧。
- 并拢双脚，将双腿按照弧形轨迹移动至双手高度。
- 双腿继续画圈，经过双手，到达另一侧。
- 在一个方向做几组，再转换到另一方向重复。

俯卧抬腿

- 俯卧，双手放在头部前方。
- 收紧髋部与下背部的肌肉，抬起双腿。
- 尽量抬高肢体，然后降低回到地面。

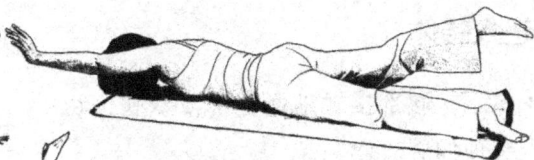

俯卧躯干拉伸

- 趴下，腹部落地，双手举过头顶。
- 收紧髋部与下背部的肌肉，让躯干离地。
- 尽量保持双臂和胸骨的高位置，然后降低到地面。
- 变形：看着一侧肩，使这一侧手臂的位置更高，来增加躯干动作。

弓式固定

- 趴下，腹部落地，双手举过头顶。
- 收紧髋部与下背部的肌肉，让双臂、胸部和双脚离地。
- 收紧躯干肌肉，保持该姿势若干秒，然后降低。

俯卧腿臂交替举起

- 趴下，腹部落地，双手举过头顶。
- 收紧髋部与下背部肌肉，让对角线方向的手臂和腿离地。
- 尽量将肢体举高，然后降低高度，用另一对角线方向的肢体重复动作。

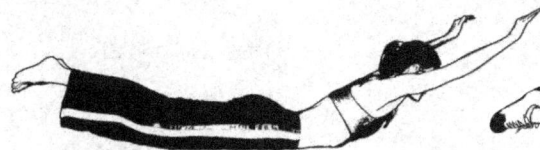

弓式游泳

- 趴下，腹部落地，让胸部和双脚离地。
- 如同进行游泳动作，双手轮流向前伸直。
- 核心肌群发力，在整个动作过程中保持弓式姿势。

超人转体

- 趴下，腹部接触地面，伸直双腿，在头顶伸展双臂。
- 髋部旋转，收紧身体中部肌肉，开始让胸部离开地面。
- 一臂高于另一臂，头转向较高手臂的一侧，这样就将胸部也转向了这一侧。
- 尽量保持抬起身体的高姿势，然后降低高度，转向另一侧身体重复该动作。

下陷弓式翻滚

- 躺下，后背接触地面，双肩与脚跟离地。
- 双臂在头顶伸直，向一侧扭头，准备向这一方向滚动。
- 保持双臂离地，旋转至腹部接触地。
- 在旋转过程中，身体从下陷姿势转换为弓式，胸部与脚跟离地。
- 动作继续，直到后背再次接触地面。
- 两侧都要练习。

弓式跷跷板

- 趴下，腹部贴地，双臂在头顶前方伸展。
- 双手、胸部和脚离地。
- 在地上前后摆动，手与脚交替接触地面。
- 收紧核心肌群，保持躯干的弓形姿势。

鸟狗式

- 跪下，用四肢支撑身体。
- 收紧核心肌群，保持脊柱平直，同时向上举起一侧手臂与对侧的腿。
- 将手臂和腿尽量抬高，然后降低至地面，换另一侧肢体重复动作。

反向后踢

- 趴在箱子顶部，让骨盆位于箱子边缘。
- 双手抓住箱子的另一边缘，收紧全身肌肉，让两条腿的大腿部与地面平行，双脚垂直指向天空。
- 保持躯干肌肉收紧，伸展一条腿，直到膝盖伸直，脚尖绷直。
- 让伸展腿回到垂直于地面的姿势，然后用另一条腿重复后踢姿势。

反向超级拉伸

- 趴在箱子顶部，胸部与腹部与地面平行，让腿部在箱子边缘下垂。
- 收紧髋部和下背部肌肉，向上抬起双腿。
- 尽量抬高双脚，然后回到起始姿势。

箱式驴子踢腿

- 趴在箱子顶部，双手抓住箱子边缘，腹部与地面平行。
- 大腿紧贴在箱子的一个垂直面。
- 双手抱紧箱子，向上抬起一条腿。
- 保持膝盖弯曲，尽量将脚抬高。
- 放下这条腿，换另一条腿练习。

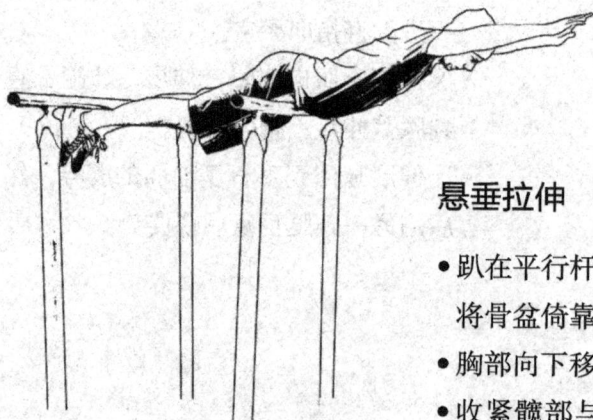

悬垂拉伸

- 趴在平行杆上，用脚跟勾住一根杆的下方，将骨盆倚靠在另一根杆上。
- 胸部向下移动。
- 收紧髋部与下背部肌肉，然后让躯干向上抬升。

第10章 健身球训练

使用有弹力的大球最好——我是认真的，用一个防刺穿的大塑料弹力球，你就能做许多力量与协调性训练。暂时先放下哑铃与杠铃，看看那些需要借助健身球完成的独特训练吧。

在购买球的时候，你要知道的第一件事，就是选对尺寸。读一读包装盒上的说明，找出适合你的身高与体重的尺寸。太小，难以伸展身体；太大，很难获得最佳平衡。

现在，一个现实问题是，为什么要在家庭健身房里配备这种怪物？

答案很明显：增强稳定性。

现在从前面的章节中选出一些动作，在健身球上进行训练。球增加了练习的难度，对不对？比起在稳定表面上练习，不稳定的表面迫使你要更费力地控制身体。

这样的后果就是，在球上，你不会超越以往平地举杠铃时的最好成绩，也别去尝试超越。把健身球作为健身工具，更重要的意义是让你变成更好的运动员。

使用健身球训练还有以下这些特点。

- 平衡：就算是坐在球上，你也得额外花费力气防止掉下来，在常规练习上增加平衡挑战，这就明显提高了难度。

- 核心力量：在球上做任何练习，如果你不收紧身体中部的肌肉，就无法完成动作，在不稳定的表面上，必须收紧躯干肌肉。

- 专注：因为球很轻，又不能牢牢呆在地面上，如果你分心，它就会滚动，这样就会迫使你将精力集中在如何做动作上。

最重要的是，在球上训练非常有趣，在网上看看视频你就知道了。在接下来的部分，我没有描述每一个变形动作，而是给出一些你可能会用到的例子。你有无限的机会，可以尽情设计属于自己的动作。

健身球卷腹

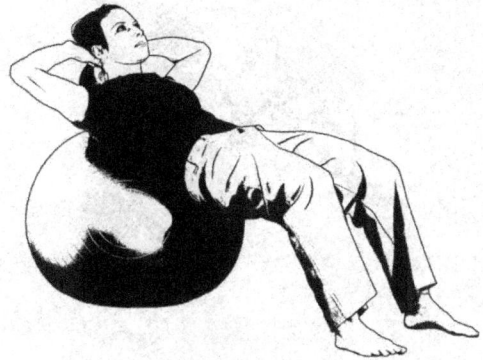

- 用健身球支撑躯干，双脚平放在地上。
- 收紧腹肌，让肩部离开球若干厘米。
- 双手放在头后方或身体前方。

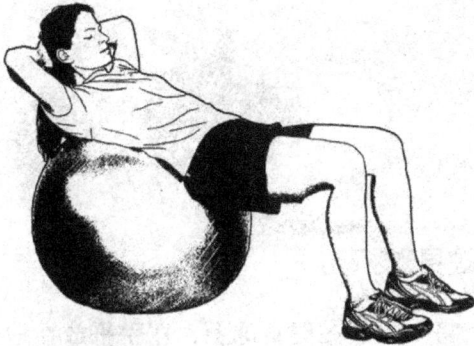

健身球肘关节到膝盖卷腹

- 用健身球支撑躯干，双脚平放在地上。
- 收紧腹肌，让肩部离开球，让一侧肘关节去触碰对侧膝盖。
- 换另一侧，重复动作。

健身球反向卷腹

- 用健身球支撑躯干，双脚平放在地上。
- 抓住凳子或其他牢固物体来保持平衡。
- 收紧腹肌，让膝盖靠近胸部。
- 收紧核心肌群，放下腿到水平位置。

健身球侧向卷腹

- 用健身球支撑躯干的一侧，脚顶在墙上作为支撑。
- 用核心肌群和髋部肌肉发力，让躯干向上运动，远离健身球。
- 胸部尽量抬高，然后再降低到球上。

健身球折刀

- 将双脚放在健身球上，双手平放在地上，伸展躯干。
- 将重心转移至肩部，双膝向胸部移动。
- 在让双腿回到起始姿势时，保持躯干水平。

健身球楔形

- 将双脚放在健身球上，双手平放在地上，伸展躯干。
- 向上提升臀部，将球向躯干方向滚动，保持膝盖伸直，双脚内收。
- 向后滚球，伸直双腿，回到起始姿势。

健身球鸟狗式

- 在健身球上，用双手与双膝支撑身体。
- 让一只手和对侧膝盖向上移动离开球。
- 保持数秒，换到对侧肢体并重复动作。

健身球单腿楔形动作

- 尝试健身球楔形动作，保持一侧腿离开球并抬向空中。
- 避免躯干和下半身旋转，收紧肩部与核心肌肉。

健身球髋部旋转

- 仰卧，将小腿放在健身球上。
- 让膝盖从球的一侧转动到另一侧。
- 髋部肌肉发力，实现躯干下部旋转。

健身球跪姿旋转

- 跪在健身球上，尽量挺直胸部。
- 双臂前平举，双手并拢。
- 在球上保持身体平衡，同时向两侧摆臂。

健身球重量旋转

- 将上背部倚靠在健身球上，双脚平放在地面。
- 双臂伸展，在胸部上方举起杠铃片。
- 左右摆动杠铃片，小心地让背部在健身球上滚动。

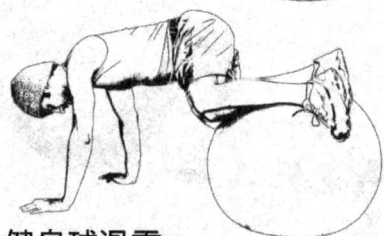

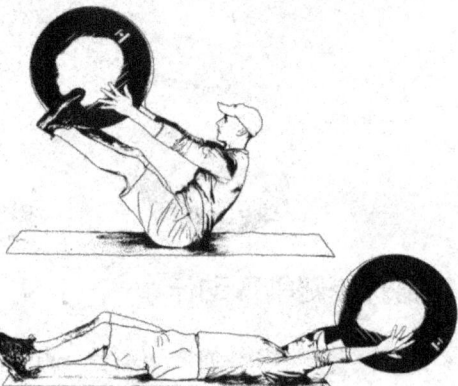

健身球滑雪

- 将小腿放在健身球上，双手平放在地上支撑身体。
- 收紧腹肌，下半身向两侧转动。
- 在下半身来回转动时，将双腿一直放在健身球上。

传递健身球

- 仰卧，将健身球夹在双脚之间。
- 抬起腿，将球举起至腰部上方。
- 向上移动躯干，用双手抓住球。
- 仰卧回到地面，将球举过头顶。

滚动健身球

- 跪在地上，双手放在健身球上。
- 收紧核心肌群，向前推球，降低胸部。
- 反向做动作，让躯干抬起，将球拉向髋部。

健身球膝盖驱动

- 将前臂放在健身球上，双腿在身体后方伸直，呈平板姿势。
- 一侧腿离地，膝盖向球靠近。
- 将腿放回到地上，重复让膝盖向球靠近的动作。

健身球趴伏

- 将前臂放在健身球上，双腿在身体后方伸直，呈平板姿势。
- 收紧腹肌，双臂在身体前方做出预备出拳姿势。
- 让球向前滚动，然后用相反的动作让它向胸前滚动。

原地滚球

- 将前臂放在健身球上，双腿在身体后方伸直，呈平板姿势。
- 收紧身体中部肌肉，双臂在躯干下方沿同一方向旋转球。
- 保持脊柱笔直，双臂旋转如同在转动一个锅盖，沿相反方向重复动作。

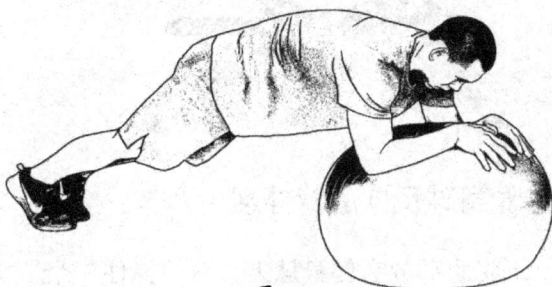

273

健身球登山

- 双手放在健身球上，双腿在身体后方伸直，呈平板姿势。

- 双腿轮流跳起，如同原地踏步，将膝盖靠近健身球。

- 尽量减少上半身的动作。

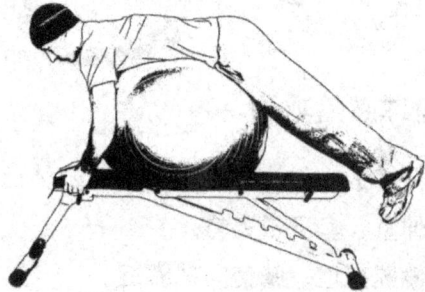

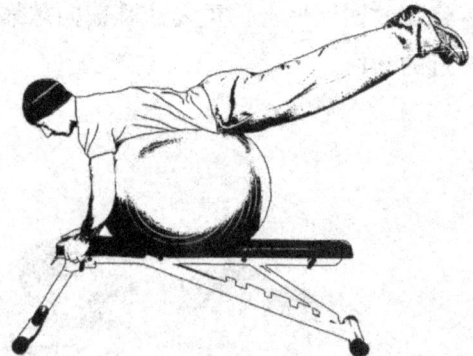

健身球后背伸展

- 用腹部趴在健身球上，双脚顶在墙上作为支撑。

- 收紧下背部与臀部肌肉，让胸部离开球。

- 让胸部再次落到球上，后背可以紧扣球的形状弯曲。

健身球反向后背伸展

- 将腹部放在健身球上，双手抓住一个牢固物件作为支撑。

- 收紧下背部与臀部肌肉，向上抬起双脚。

- 双腿尽量抬高，然后再放回地上。

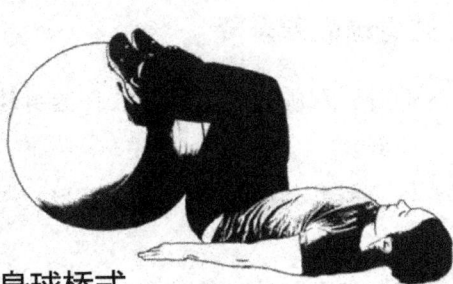

健身球桥式

- 仰卧在地上，膝盖弯曲，双脚放在接近健身球顶部的位置。
- 收紧核心肌群，用双脚作为支撑，让腰部离开地面。
- 尽量抬高骨盆，然后再降落到地上。
- 增加难度：只用单腿作为支撑。

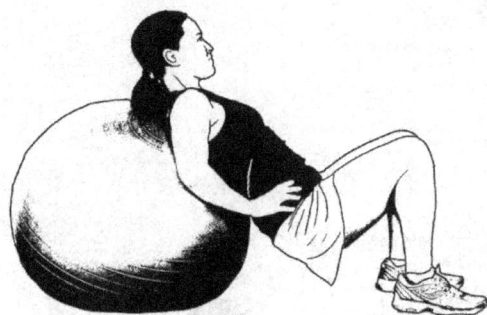

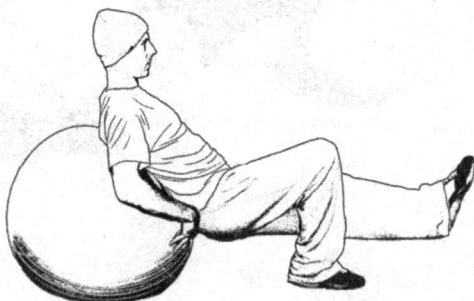

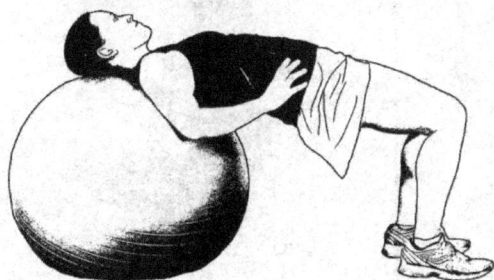

健身球髋部升降

- 将上背部支撑在健身球上，髋部弯曲，双脚平放在地上。
- 收紧髋部肌肉，用双脚作为支撑，抬高骨盆。

健身球单腿髋部升降

- 将上背部支撑在健身球上，髋部弯曲，一只脚平放在地上。
- 向上抬起一条腿，用另一条腿支撑身体向上运动。
- 抬高骨盆。
- 骨盆的位置越高越好，然后降落到起始位置。

健身球髋部升降

- 仰卧，双腿伸直，双脚放在健身球的顶部。
- 核心肌群与髋部肌肉快速发力，尽量抬高骨盆。
- 增加难度：让一条腿悬在空中。

健身球靠墙下蹲

- 背对墙壁，用后背将一个健身球顶在墙上。
- 弯曲膝盖，向下滚动球，呈现深蹲姿势。
- 大腿肌肉快速发力，让身体回到站姿。
- 增加难度：用单腿尝试，或是长时间保持深蹲姿势。

健身球分腿深蹲

- 单腿站立，一脚向后放在健身球顶部。
- 保持平衡，下蹲至单腿深蹲姿势。
- 尽量下蹲，然后站起来回到起始姿势。

健身球侧向靠墙下蹲

- 侧身对着墙壁站立，在胸部高度将一个球顶在墙上。
- 抬起靠墙一侧的腿，呈现单腿深蹲姿势，同时将球挤压在墙壁上。
- 尽量下蹲，然后站起来回到起始姿势。

健身球腿部按压

- 背对墙坐在地上，用后背将一个健身球顶在墙上，膝盖弯曲。
- 腿部快速向上向后发力，背部向后顶球，同时站起来。
- 增加难度：手持杠铃片或哑铃作为额外阻力。

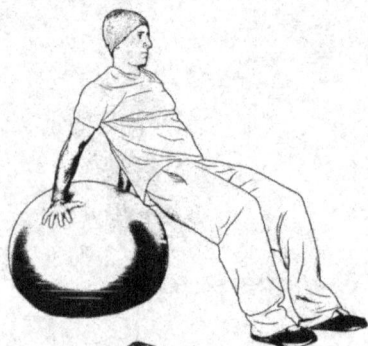

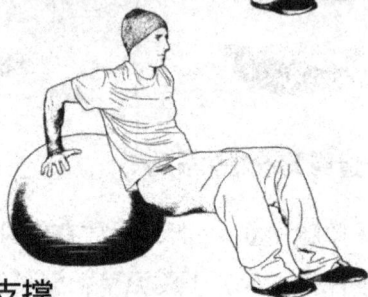

健身球单腿按压

- 背对墙坐在地上，用后背将一个健身球顶在墙上，一侧腿的膝盖弯曲。
- 另一侧腿离地，支撑脚发力站起。

健身球支撑

- 双手放在身体后方的健身球上，双脚平放在身体前方的地上。
- 弯曲肘关节，降低躯干高度。
- 双手按压球，让胸部向上运动。

健身球俯卧撑

- 双手放在健身球上，双腿在身体后方伸直，呈平板姿势。
- 弯曲肘关节，让胸骨靠近球。
- 伸直双臂，回到起始姿势。

有球凳子支撑

- 将双手放在身后凳子的边缘，双脚放在身前健身球的上方。
- 弯曲肘关节，让髋部下降。
- 双手支撑，让胸部向上抬升，回到起始姿势。

健身球墙壁俯卧撑

- 将双手放在健身球上，将球顶在墙壁上齐胸高的位置。
- 弯曲肘关节，让胸部降落到球上。
- 推动球，让身体回到起始姿势。

健身球倾斜俯卧撑

- 将双脚放在健身球上，用双手支撑躯干成平板姿势。
- 弯曲双臂，将胸部降低至地面。
- 伸直双臂，将躯干抬起，回到水平位置。

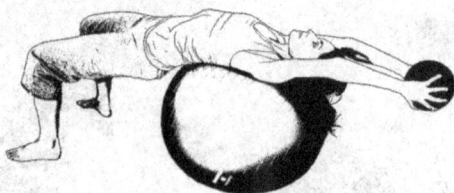

健身球倒退行走

- 将双手放在地上，将骨盆支撑在身后健身球上。
- 收紧躯干肌肉，用双手带动身体向前移动，让球向着脚的方向滚动。
- 依靠双手移动的距离越远越好，然后调转运动方向，再次让骨盆位于球的上方。
- 增加难度：双臂向外展开，沿对角线方向移动。

健身球药球推拉

- 将背部倚靠在健身球上，双腿弯曲，脚平放在地上。
- 双手在骨盆上方拿着药球并将它举过头顶。
- 在举着药球前后移动时，收紧核心肌群。

健身球倾斜推举

- 将上半身倚靠在健身球上，弯腰，将双脚放在地上。
- 双手在肩部各持一个哑铃，然后向正上方举起。
- 变式：坐在球的顶部，完成一次肩部推举。

肘关节驱动推举

- 用健身球支撑背部，在肩部附近举起两个哑铃。
- 将一侧肘关节靠近球，举起另一侧手臂。
- 在伸展肘关节时，躯干可以旋转。
- 回到起始姿势，换另一侧重复动作。

健身球胸部飞鸟

- 将背部倚靠在健身球上，将两个哑铃举起至胸部以上，伸直手臂。
- 双臂左右分开，将哑铃靠近地面。
- 收紧胸部与核心肌群，再次将哑铃举起。

健身球祈祷弯举

- 将腹部趴在健身球上，肘关节也放在球上，手握杠铃。
- 朝向面部举起杠铃，然后把它放回地面。

第 11 章　双人合作训练

两个人比一个人好，无论是解决工程问题，还是达成商业交易，两个人总是会有更好的解决方法。在运动健身方面也是这样，两个健身伙伴合练要好过一个人。

有许多训练是一个人无法完成的，与一位伙伴组成双人团队，可以让训练更有趣。本章将为你提供 28 个双人训练方法。

两人组队，不单可以让同伴监督你在举起重物或完成高难度动作时的姿势，还有其他益处。将两人的体重相加，你可以在下蹲或是弓箭步等动作中加入额外的阻力。此外，同伴可以固定你的双腿，或是为你提供支撑，或是帮助你完成更难的腹部练习动作。双人层叠做俯卧撑，会因为增加了不稳定性而使难度陡增，而且，如果没有伙伴，你该把药球扔给谁呢？

双人训练特别有趣！

不论是好友、兄弟姐妹或是配偶，一起尝试新的练习动作，可以让你们的关系更为密切，带来愉悦心情。从安全角度出发，相互关照，多多交流，也能防止受伤。一旦你开始思考能与搭档一起完成的动作，你在聚会上或在等公共汽车时都不会感到枯燥。

背负

- 让同伴趴在背上,抓住她的腿作为支撑。
- 保持背负姿势,背着同伴行走。
- 在行走时保持背部挺直。

背负深蹲

- 让同伴趴在背上,成背负姿势。
- 在下蹲时,抓住她的腿,然后回到站姿。
- 在做动作时,保持脊柱的正常形态。

背负侧向弓箭步

- 让同伴趴在背上,成背负姿势。
- 抓住她的腿作为支撑,侧向迈步成弓箭步。
- 侧向腿用力蹬地,回到起始姿势。

背负弓箭步

- 让同伴趴在背上,成背负姿势。
- 抓住她的腿作为支撑,向前迈步成弓箭步。
- 前方腿用力蹬地,回到起始姿势。

消防队深蹲

- 用消防队背负姿势背起同伴，抓住她的四肢作为支撑。
- 在下蹲时，保持腰椎的弯曲度。
- 站起来。

消防队搬运

- 让同伴横向趴在你的背后和肩部上方，抓住她的手臂和腿作为支撑。
- 在背负她行走时，让她横向趴在你的背后。

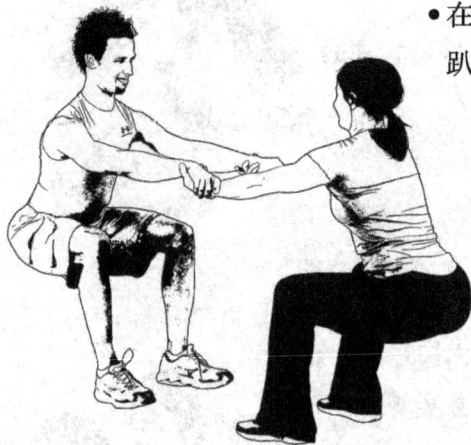

结对深蹲

- 两人面对面相距 45 厘米。
- 抓住对方的手腕，一起形成深蹲姿势。
- 小心维持平衡，不要让任何一方向后移动得太远。回到起始姿势。

背靠背深蹲

- 两人背靠背站立，相距至少 30 厘米。
- 在下蹲时，两人的背部相互靠近，形成深蹲姿势。
- 在相互靠近时，保持平衡；然后站起来回到起始姿势。

臀部大腿侧倾

- 跪在地上，让同伴用力按住你的脚踝或小腿。
- 身体前倾几厘米，然后用臀部和腘绳肌快速发力，让躯干回到垂直于地面的位置。
- 增加难度：让身体尽量接近地面。

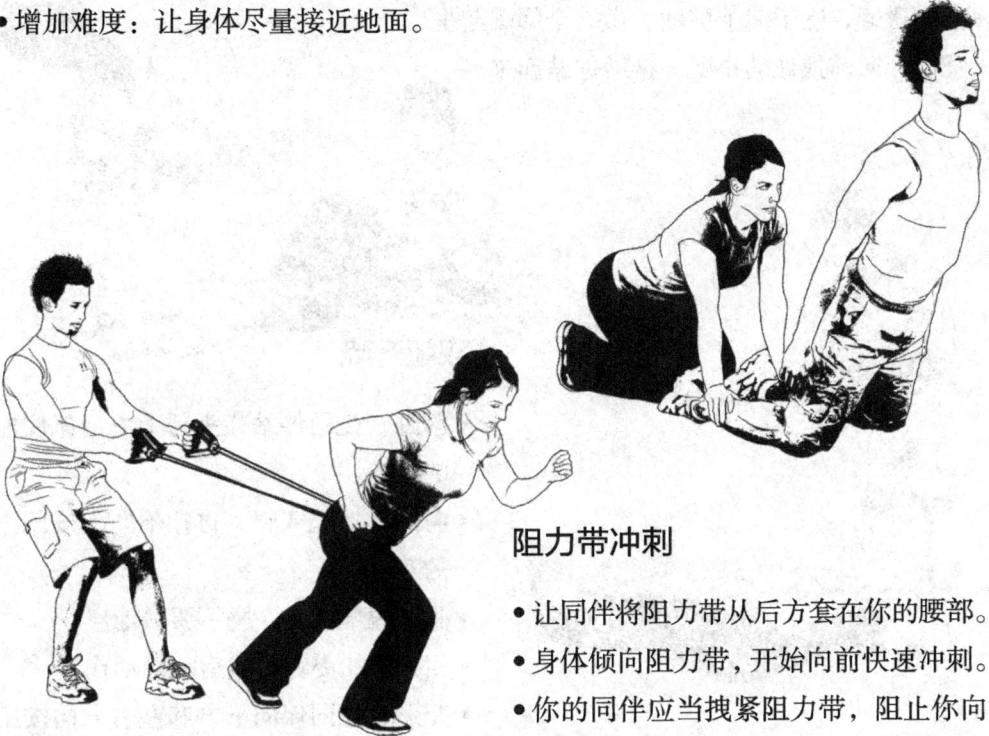

阻力带冲刺

- 让同伴将阻力带从后方套在你的腰部。
- 身体倾向阻力带，开始向前快速冲刺。
- 你的同伴应当拽紧阻力带，阻止你向前的动作。

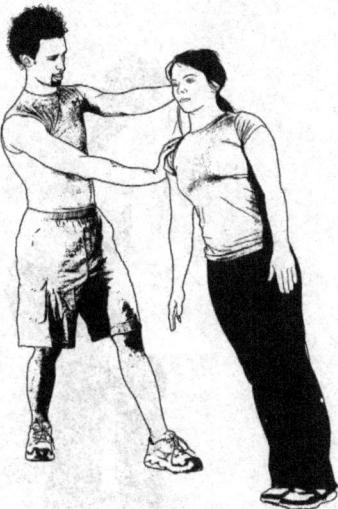

同伴侧向平板

- 向着同伴倾斜身体，让他用双手扶着你的躯干上半部分，支撑你的上身。
- 保持平衡和安全，时间越久越好。

同伴站起

- 仰卧，膝盖弯曲，双手举过头顶。
- 让同伴坐在你的脚上，抓住你的小腿。
- 向上摆臂，躯干向上移动，做一个仰卧起坐。
- 让同伴向前拽你的小腿，帮助你站起来。

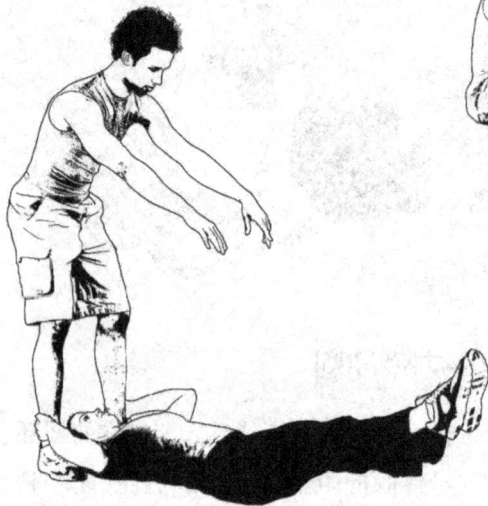

双腿升降

- 仰卧，让同伴站在头部上方，抓住他的脚踝。
- 向同伴抬起双腿，再让他向下按压你的双腿。
- 收紧腹部肌肉，脚不要触地。
- 回到起始姿势，然后重复动作。
- 变形：让同伴向下方和左右方向按压你的双腿。

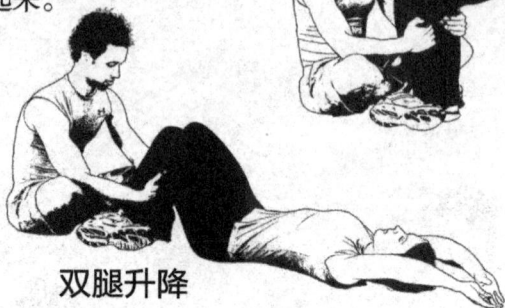

蹲姿传递

- 与同伴面对面相隔数十厘米。
- 下蹲至半蹲姿势，保持姿势并与同伴相互传递药球。
- 使躯干旋转，达到对腹部的有效练习。

弓箭步投掷药球

- 两人面对面相距几十厘米。
- 一人将药球举起至胸部高度，向前
  迈出一步成弓箭步，与同伴相互抛
  掷药球。
- 同伴接球后，后退一步，成反向弓
  箭步，然后再把球抛向你。

仰卧起坐投掷药球

- 仰卧在地上，弯曲膝盖，将
  药球拿起放在胸部。
- 让同伴在前方几十厘米之外
  面对你站立，做一个仰卧起
  坐，将药球向同伴投掷。
- 同伴将球扔回，你在坐起时
  接住，然后身体降落，回到
  地面，重复这一过程。

坐姿投掷药球

- 坐在地上，双腿弯曲，让同伴站在你的脚边。
- 两人将药球来回抛掷，收紧你的核心肌群，
  保持躯干离地。

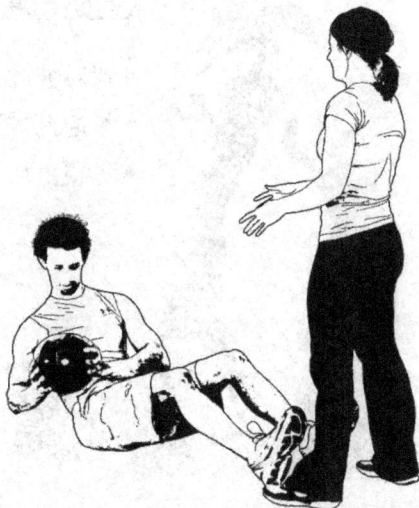

同伴俄罗斯转体

- 与同伴并排坐在地上,两人都弯曲膝盖。
- 将药球举起至腰部,然后旋转躯干,将球传递给对方。
- 你的同伴与你转身的方向相反,然后将球传给你。
- 拿起球,旋转到身体对侧,然后回转,将球递给同伴。
- 增加难度:双脚离地。

转体传递

- 背对彼此站立,将约球举起至胸部高度。
- 向一侧转身,将球传递给同伴。
- 转过身,让对方把球传给你。

过顶传递

- 背对彼此,手持药球。
- 举起药球至头部上方,背部稍稍向后弯曲,将球传给同伴。
- 弯腰,从两腿之间接住同伴传来的球。

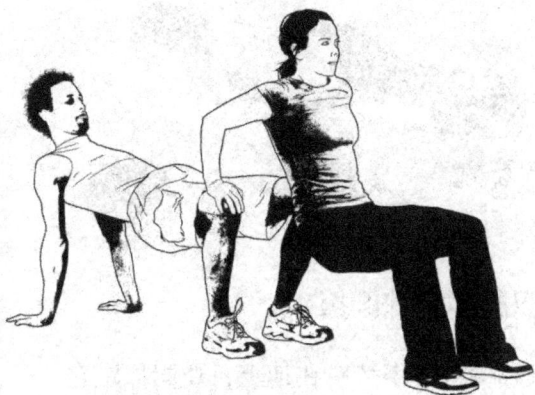

桥式支撑

- 让同伴四肢落地以支撑身体，胸部向上，成桥式动作。
- 将双手放在他的膝盖上，做自重支撑动作。

髋部按压俯卧撑

- 俯卧撑姿势。
- 让同伴仰卧，将一侧腿放在你的腰部。
- 你做俯卧撑时，同伴向上抬起髋部。

亲吻俯卧撑

- 两人面对面站立，相距约 1.2 米。在肩部高度握住彼此的手。
- 收紧髋部与躯干肌肉，肘关节向内弯曲，让彼此头部和胸部接近。
- 推动对方的手掌，回到站姿。

交叉俯卧撑

- 以俯卧撑姿势趴在地上。
- 让同伴也成俯卧撑姿势，将双脚放在你的下背部或骨盆位置。
- 保持姿势，两人一起做俯卧撑，同时起落。

双层甲板俯卧撑

- 以俯卧撑姿势趴在地上，让同伴趴在你的背部，用她的脚趾踩在你的脚后跟上，手放在你的肩后部。
- 保持平衡，一起降低高度，然后你在下方支撑两人回到起始姿势。

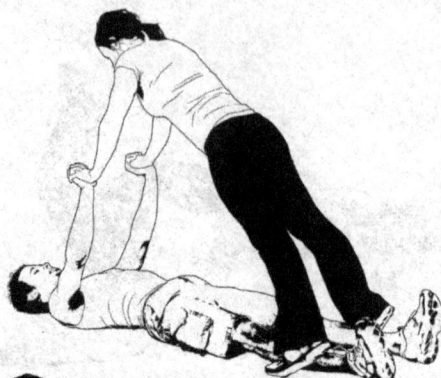

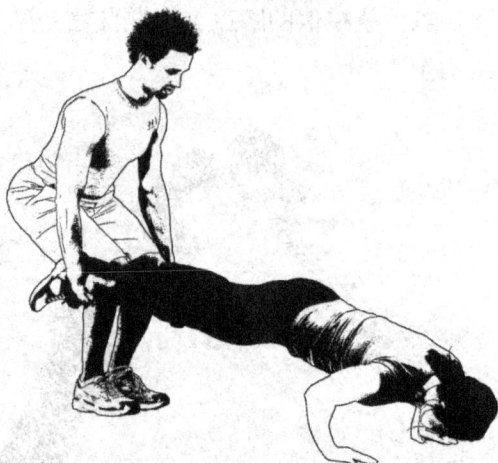

同伴象棋俯卧撑

- 仰卧，双手伸直。让同伴站在你的上方。
- 与上方同伴双手交叉，弯曲你的肘关节，使同伴向你的胸部靠近。
- 用力推上方同伴的手，让他回到起始姿势。

推小车俯卧撑

- 以俯卧撑姿势趴在地上。
- 让同伴像推小车一样，抓住你的脚踝并向上抬起。
- 你以这个姿势做俯卧撑。
- 变形：你的同伴可以尝试同时做深蹲。

层叠俯卧撑

- 趴在地上呈平板姿势，用手指与脚趾支撑身体。
- 同伴将脚放在你的上背部，并抓住你的脚踝，也呈平板姿势。
- 两人都要伸直手臂，收紧躯干肌肉，将这一姿势保持一会儿。

第 12 章　柔韧性训练

瑜伽已经存在数千年了，如果你还从未参加过瑜伽课，你就要被同伴开除出朋友圈了。从 20 世纪 80 年代以来，瑜伽渗透到西方文化中，成了主流的健身方式，几乎每个社区都有训练场所，还演变出几十种风格，就连练习时穿着的服装，都成了一门大生意。不要担心没有瑜伽垫或瑜伽裤，在当今，没有装备练习瑜伽并不会被当成怪人。练习瑜伽，是运动员进行力量与协调性训练的有效方法。

练习瑜伽有如下很多好处。

- 柔韧性：许多瑜伽姿势都要求身体达成某个形状，提高肢体的柔韧性。

- 力量：瑜伽将自重作为抗阻，但这并不意味着容易练习。完成许多体操动作，要求身体保持离开地面，这就已经是不小的挑战了。

- 平衡：不论是用单脚、手指、还是臀部保持平衡，瑜伽姿势都会迫使你去调整重心。只要姿势稍有改变，就有可能摔在地上。

- 核心支撑：许多瑜伽姿势的不稳定性，要求你能察觉到腹部、髋部和下背部的肌肉动作。现在，后背疼痛患者多得如同普通感冒病人，成为寻医问药的第二三位原因，预防后背疼痛自然成为练习瑜伽的一个好理由。

- 生理原因：瑜伽的一些倒转方向和旋转动作可以改善血液流动与消化系统等内脏的功能。

- 放松：运动可以舒缓神经，这是人所共知的，瑜伽是放松之王。按部就班、慢速进行动作并计算呼吸，能很好地放松并保持冷静。

练习瑜伽时，对肢体位置进行正确的安排与调整，是一个微妙的过程。说实话，关于如何完成特定动作，随便一写，就能写满好几页。本章只提供 84 个经典动作的概述，并不涉及如何达到完美姿势。慢慢来，不要期待奇迹，温柔对待身体（尤其是脖子）。总原则就是，舍得花时间才能改进姿势，然后保持姿势，做若干次呼吸。

去练习瑜伽吧。

旗杆式

- 坐在地上，双腿在身体前方伸直。
- 从坐骨到脚跟，保持双腿伸直。
- 将手放在髋部，向上拉升骨盆，尽量保持脊背挺拔。

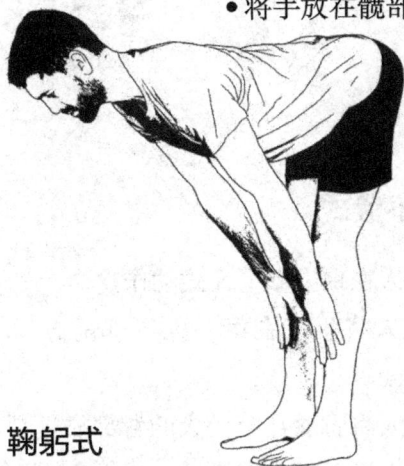

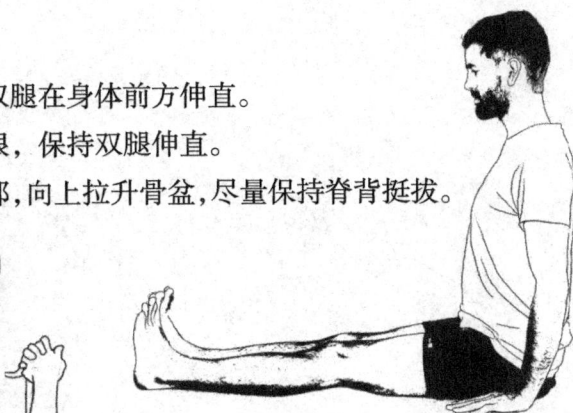

鞠躬式

- 双脚与髋部等宽，骨盆前移，胸部向下，呈向前鞠躬的姿势。
- 保持后背水平，从脚到髋关节成一条直线，伸直腿。
- 双手放在小腿前方或大腿上，来维持脊柱与腿的姿势。

手臂举起鞠躬式

- 双脚几乎并拢站立，双手相扣放在背后。
- 躯干向前倾斜，将双手向上举起，越高越好。

下犬式

- 双脚与髋部同宽，手掌在地上支撑身体，与脚趾相距几十厘米。
- 骨盆前移，保持腰椎的正常弯曲，同时脚跟落地，降低身体高度，手指前移。
- 尝试伸展上半身和下半身，让髋部向上。

蝎子下犬式

- 动作与下犬式相同，只是让一侧腿离地。
- 抬高一侧腿，并让它向身体对侧弯曲。

双人下犬式

- 一个人在地上做下犬式动作。
- 第二人将手放在第一人头部前方 30 厘米处。
- 第二人将脚放在第一人的背部靠近腰处，也呈下犬式姿势。
- 两个人都要在地上支撑身体，尽量向上抬升骨盆。

海豚式

- 基本动作与下犬式类似，将前臂而不是手掌放在地上。
- 以双臂的前臂作为支撑，伸展双腿，向上抬升骨盆。
- 保持脊柱自然弯曲。

婴儿式

- 跪在地上，轻柔弯腰，将额头贴在地上。
- 双臂伸展，双手靠近双脚，放松身体。
- 髋部向后运动，膝盖弯曲，向下折叠身体。

伸展婴儿式

- 与婴儿式动作类似，双臂在身体前方伸展。
- 用手臂轻轻推动身体，放松膝盖与髋部。

伸展小狗式

- 跪在地上，双臂位于身体前方。
- 髋部后移，伸展脊椎，双手向前移动。

鸽子式

- 趴在地上，一侧腿向后伸展，另一侧腿折叠在前面，让弯曲腿的大腿外侧和小腿落地。
- 降低胸部至地面，不要让髋部前方离地。

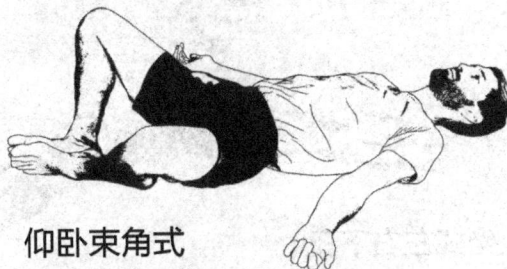

仰卧束角式

- 仰卧，双膝弯曲，双脚脚底靠拢。
- 放松髋部，双膝左右分开。

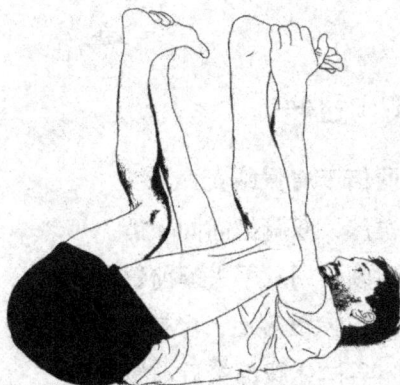

快乐婴儿式

- 仰卧，举起双腿，抓住双脚的外侧。
- 髋部向外打开，用手将脚向下按压。

左右深蹲

- 蹲在地上，髋部向两侧外展，双脚向外旋转。
- 双手手掌相对并拢，将肘关节支撑在膝盖上，进一步展开髋部。
- 保持后背平直伸展。

蛙式

- 四肢落地，用膝盖和前臂支撑身体。
- 双腿左右分开，用双臂轻柔地将身体向后推。

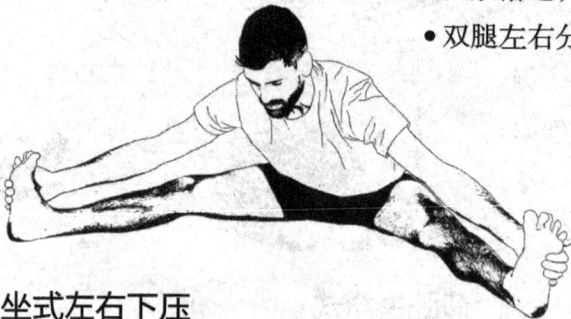

坐式左右下压

- 坐在地上，双腿左右分开。
- 自腰部以上前倾，保持脊柱伸直。
- 抓住双脚，增大拉伸动作的范围，让腹部贴近地面。
- 变形：尝试一次倾向一条腿。

紧密侧向拉伸

- 双脚两倍于肩宽站立。
- 旋转髋部，双脚指向同一侧。
- 躯干前倾，用双手去摸前置脚。
- 后置脚的脚跟落地，保持脊柱的直线形态，尝试让腹部接近前置腿。

三角式

- 双脚两倍于肩宽站立，一脚的脚趾指向侧面，另一脚的脚趾指向前方。
- 弯腰，让胸部靠近向侧面旋转的腿。
- 让下方的手接触地，另一侧手向正上方举起。
- 向上旋转躯干的上半部分，伸展肩部。

侧角结合伸展式

- 呈低姿弓箭步姿势，前置脚的脚趾指向一侧，后置脚的脚趾指向前。
- 后方脚的脚跟离开地面。
- 向前弯腰，前置手放在前置脚外侧。
- 另一只手举过头顶，手指与后置腿成一条直线。

单腿站立

- 单腿站立，向前弯腰，让躯干靠近膝盖。
- 向上方抬起并伸直另一条腿，绷直脚尖。
- 用双手使胸部和支撑腿进一步靠近。
- 呼吸放松，保持姿势待一会儿，然后让身体对侧重复这一动作。

单腿扭转侧角伸展式

- 以单腿侧角伸展姿势开始。
- 上方手放在背后，下方手从两腿之间抓住上方手。
- 胸部向上旋转，让双臂可以更充分拉伸。

单腿扭转侧角平板式

- 以侧向平板动作开始，用一手一脚支撑身体。
- 用非支撑手抓住上方脚，并向后牵拉。
- 你应该能感受到股四头肌和髋部的拉伸。
- 将骨盆和躯干向上抬升，保持姿势并进行若干次呼吸。

举手弓箭步

- 双腿前后分开成弓箭步，后置脚的脚跟离地。
- 双手举过头顶，拉伸脊柱，让骨盆下沉。

低姿弓箭步

- 将后置脚的脚背和后置腿的小腿放在地上，前置腿迈出成低弓箭步。
- 将双臂举过头顶，保持躯干挺拔，向下移动髋部，充分伸展。

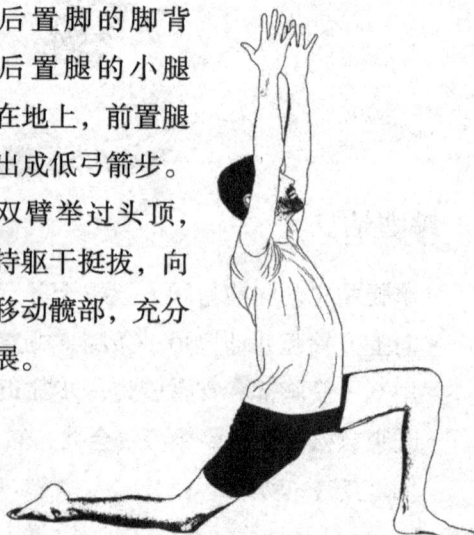

勇士 1 式

- 向前迈出一步成弓箭步，后置脚的脚跟放在地上，脚趾指向前方 45 度。
- 胸部与骨盆向前旋转，双臂举过头顶。
- 后置腿伸直，保持躯干姿势端正挺拔。

勇士 2 式

- 与勇士 1 式中脚的姿势相同，但是让骨盆和躯干向侧面旋转。
- 水平伸直双臂，让身体在一个平面上。
- 双臂展平，双脚站稳。

勇士 3 式

- 单腿保持平衡，另一条腿向后伸直，双臂伸直并举过头顶。
- 躯干前倾至与地面平行，从手指到脚趾保持在一条直线上。

半月式

反向勇士式

- 双脚姿势如同勇士 1 式。
- 向上举起前方手,胸部向后旋转,后方手放在后侧腿上。

半月式

- 单腿站立,非支撑腿向后方伸直。
- 向前弯腰,让支撑腿的同侧手尽量去触摸支撑脚的脚趾。
- 将对侧手向正上方举起,旋转胸部至垂直于地面,让非支撑腿与上方手臂充伸展。
- 保持身体平衡,呼吸若干次。

飞行式

- 起始姿势与勇士 3 式相同。
- 双臂左右展开,而不是举过头顶。

旋转半月式

- 单腿保持平衡，另一条腿向后伸展。
- 降低胸部，用对侧手触摸支撑脚，将胸部向一侧旋转。
- 支撑脚同侧手向正上方举起。
- 从脚趾到头顶充分伸展，保持姿势并呼吸数次。
- 回到起始姿势，让非支撑脚落地，换身体对侧重复动作。

旋转舞蹈式

- 单腿站立，将非支撑腿抬起至身体后方。
- 用对侧手抓住脚，尽量抬高腿。
- 保持躯干笔直和身体姿势，呼吸若干次。

舞蹈式

- 单腿站立，在身体后方抓住另一条腿。
- 另一条手臂举过头并伸直，降低胸部，尽量在后方抬高腿。

山式

- 双脚与髋部同宽站立，双臂在身体两侧放松，手掌对着前方。
- 激活双脚肌肉，保持脊柱挺拔，尽量拉伸躯干。

树式

- 单腿站立，另一脚踩在支撑腿的内侧大腿上。
- 双手并拢，向头顶上方举起，从手指到脚趾都保持在一条直线上。

站姿侧倾

- 双脚并拢站立，双手交叠举过头顶。
- 拉伸脊柱，身体向一侧倾斜。

椅子式

- 双脚与双膝并拢站立，将双臂并拢举过头顶。
- 下半身呈半蹲姿势，如同坐在一张椅子上。
- 尽量降低身体高度，但是保持脊柱的正常向前弯曲度。

老鹰式

- 双臂肘关节交叉，前臂和手掌都交叠。
- 单腿站立，双腿大腿交叉。
- 下蹲至半蹲高度，保持手臂与腿的交叉。

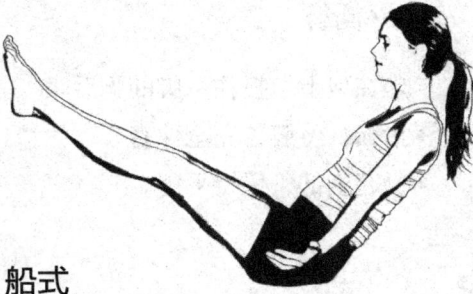

船式

- 只用臀部坐在地上，双腿离地，抬起至胸部高度，躯干后仰 30~45 度。
- 收紧髋部与腹部，保持平衡。
- 增加难度：将双手举过头顶。

半船式

- 坐在地上，姿势与船式相同。
- 双腿弯曲，脚尖与膝盖在一条直线上。

同伴船式

- 与同伴面对面坐在地上，彼此双脚相对。
- 抓住对方的手，双腿离地并尽量抬高。
- 伸直双臂挺胸，伸展脊柱，让后背保持笔直。
- 保持姿势，呼吸若干次。

平衡杯

- 坐在地上，抓住双脚的脚后跟。
- 双腿离地，向左右分开并伸直。
- 收紧腹部肌肉，用这一姿势保持平衡。

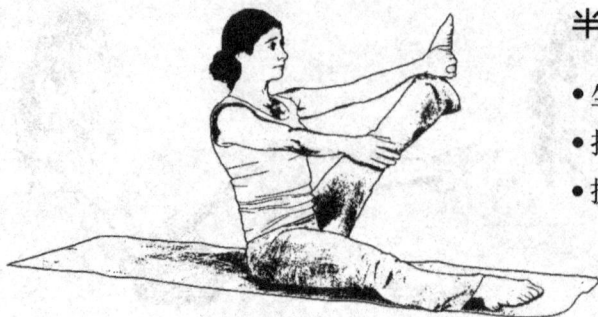

半平衡杯

- 坐在地上，抓住一脚的脚后跟。
- 抬腿，将膝盖完全伸直。
- 挺起胸部，保持平衡。

萤火虫式

- 以深蹲姿势开始，将双手放在脚后跟后面的地上。
- 让膝盖的后方倚靠在肘关节上方。
- 向后移动，让双手承担体重，双脚离地。
- 伸直双腿，绷直脚背，保持姿势并呼吸若干次。

婴儿乌鸦式

- 趴下，将双臂的前臂放在地上。
- 每次将一侧膝盖倚靠在相应的肘关节后方，动作轻柔，完全用手臂支撑身体。
- 双脚并拢，用这一姿势保持平衡并呼吸若干次。

乌鸦式

- 将双手放在地上，与肩同宽。
- 抬起双膝，倚靠在肘关节上作为支撑。
- 双脚离地，收紧上半身的肌肉，用双手保持平衡。

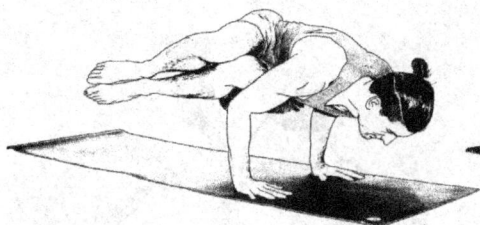

侧向乌鸦式

- 蹲下，将双手放在地上，与肩同宽。
- 用双手承担体重，胸部前倾，将双膝倚靠在一侧肘关节上作为支撑。
- 双脚离地，保持姿势并呼吸若干次。

伸展乌鸦式

- 与侧向乌鸦式的基本动作相同。
- 伸直双腿，保持膝盖上下并拢。

单腿乌鸦式

- 将双手放在地上，与肩同宽。
- 双臂弯曲，将一侧腿的膝盖放在同侧肘关节上方。
- 重心前移，用双臂承担体重，将另一侧腿向上抬起。
- 上方腿尽量伸直，保持姿势并呼吸数次。

站姿前倾转体

- 站在地上，双脚至少两倍于肩宽。
- 向上举起一侧手臂，将躯干向上旋转。
- 上方手保持上举，让躯干进一步旋转。

坐姿盘腿扭转

- 坐在地上，双腿交叉，伸展脊柱。
- 用对侧手靠近这一侧的膝盖，并旋转躯干。
- 吸气时挺直上半身，呼气时旋转躯干。

仰卧扭转

- 仰卧，一条腿伸直，另一条腿膝盖弯曲。
- 用对侧手抓住弯曲的膝盖，把它向侧面移动。
- 保持双肩落地，头部向自由手的一侧旋转。

前倾旋转

- 坐在地上，伸直一条腿，另一条腿弯曲在伸直腿的大腿内侧。
- 躯干从腰部开始向前倾斜，一只手抓住伸直腿的脚。
- 向上举起另一条手臂，躯干向一侧旋转。

坐姿扭曲旋转

- 坐在地上，双腿交叉，上方腿垂直于地面，膝盖对着胸部。
- 对侧手越过上方腿，轻微用力，协助躯干旋转。
- 吸气挺直躯干，呼气继续旋转。

膝盖倚靠扭转

- 坐姿，在地上伸直一条腿，另一条腿弯曲至胸前。
- 用弯曲腿的同侧手臂向后环绕膝关节。
- 向另一侧旋转躯干。
- 自由手臂向背后移动，使双手相握。

圣哲马里奇姿势

- 坐姿，在地上伸直一条腿，另一条腿跨过伸直腿，弯曲至胸前。
- 将上方腿对侧的肘关节放在膝盖上，轻微用力协助躯干向一侧旋转。

旋转弓箭步

- 呈弓箭步姿势，前方腿的膝盖弯曲，后置腿脚跟离地。
- 旋转躯干，让对侧肘关节倚靠在前方膝盖上，双手合十。
- 肘关节用力，协助进一步旋转躯干。

侧角扭转式

- 以侧角伸展式开始，后置脚的脚跟着地，脚尖向前旋转 45 度。
- 双手合十，旋转躯干，将肘关节倚靠在前方膝盖上。
- 轻微用力，帮助胸部向上旋转。

扭转椅子式

- 以椅子式开始，双手合十。
- 将内侧的肘关节放在外侧膝盖上，并向同一侧旋转胸部。
- 将肘关节顶在膝盖上，来让躯干进一步旋转。

扭转三角式

- 以三角式开始，旋转躯干，将后方手放在前方脚的内侧。
- 将前方手举起，向上旋转胸部。

上犬式

- 俯卧，双手放在身体两侧靠近胸部的位置。
- 双手手掌落地，让胸部的上半部分离开地面。
- 抬升胸部，越高越好。双脚用力，让骨盆离开地面。

半弓式

- 俯卧，弯曲一侧膝盖，同侧手向后抓住脚。
- 抬升胸部，手臂与脚向上移动。
- 伸展对侧手臂与脚，从手指到脚趾完全展开。

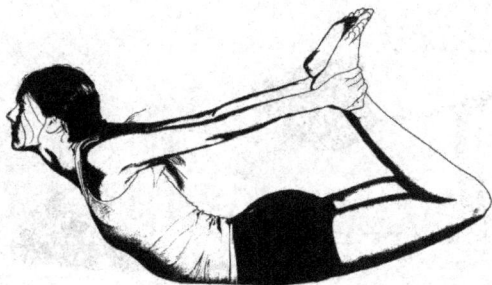

弓式

- 俯卧，膝盖弯曲，双手向后抓住双脚。
- 抬升胸部，同时将双脚向上拉升。

眼镜蛇式

- 俯卧，手掌平放在地上，紧贴肋骨。
- 双手推动地面，抬升胸部，但是让骨盆停留在地上。

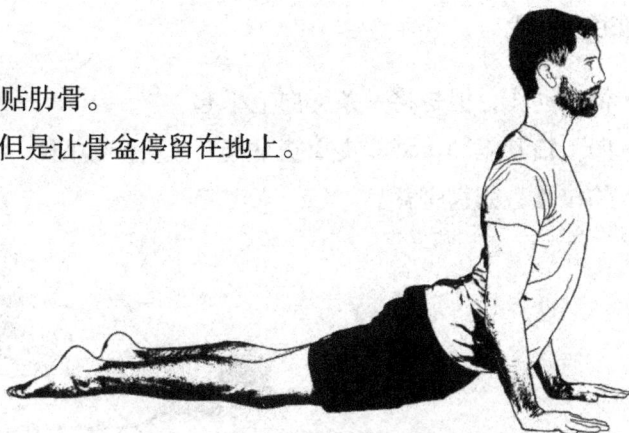

反向平板式

- 坐在地上，双腿伸直，双手平放在身体后方地上，手指指向后方。
- 用双手与双脚推动，向上抬升髋部，后背弯曲，头部后仰。

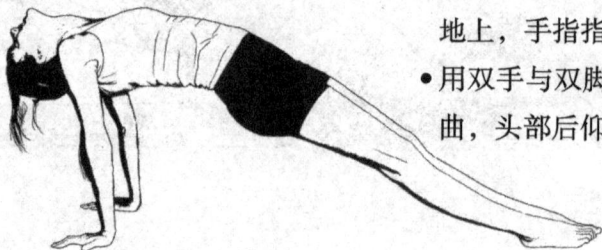

桥式

- 仰卧，双膝弯曲，双脚平放在地上。
- 双手交叠放在臀部下方。
- 双脚用力，向上抬升臀部。
- 用肩部和双脚支撑身体。

伸展桥式

- 桥式动作，但是将一条腿向上举起。
- 向上抬升髋部，将非支撑腿举起至垂直于地面的位置，绷直脚背。

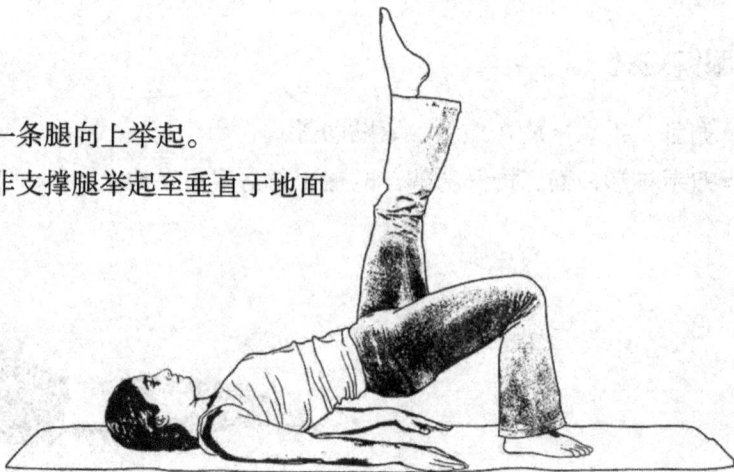

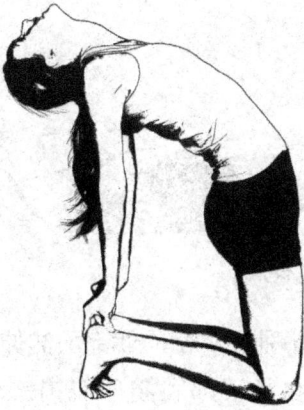

轮式

- 仰卧，膝盖弯曲，双脚平放在地上。双手放在肩部附近的地上，手指朝向脚的方向。
- 手和脚用力，向上抬升骨盆与躯干。
- 髋部到肩部发力向上，背部向下弯曲。

骆驼式

- 跪在地上，让髋部位于膝盖正上方。
- 双手向后抓住脚跟，髋部前移。
- 背部与颈部后仰成弓形，向上抬起胸部。

高级轮式

- 以轮式动作开始，将手与脚之外的部位抬起。
- 每次让一侧手臂的前臂作为支撑。
- 保持骨盆与躯干抬升，伸直双腿。

鱼式

- 仰卧，将肘关节放在地上，紧贴肋骨。
- 肘关节下压，向上抬升胸部，头部向下。

莲花式

- 俯卧，双手向髋部两侧伸展。
- 收紧背部和髋部肌肉，尽量抬升胸部和双脚。

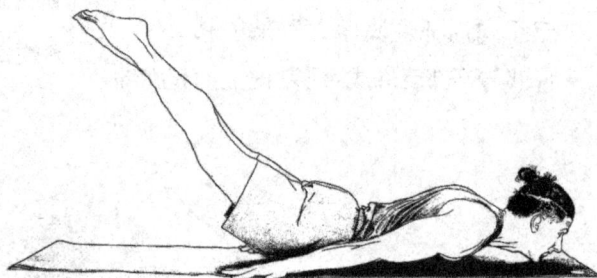

猫式

- 跪下，用四肢支撑身体，双膝与双手均匀分担体重。
- 首先，让腹部向下塌陷，向上抬头。
- 其次，降低头的高度，让脊柱反向弯曲，尽量抬起背部。

半莲花式

- 俯卧，伸展双臂，双手放在髋部两侧的地上。
- 收紧后背与髋部肌肉，向上抬起双脚，越高越好。

兔式

- 跪在地上，身体前倾，头部接触地面。
- 双手向上举起，弯曲后背，让脊柱向上运动。

肩部倒立

- 仰卧，抬起髋部，双手放在下背部作为支撑。
- 双脚向正上方伸展，让下半身垂直于地面。
- 用肘关节和肩部均匀承担体重，不要压迫到颈部。

犁式

- 仰卧，双臂在身体两侧伸展。
- 轻柔抬升双腿与骨盆至头顶，让脚趾接触身体后方的地面。

前臂头倒立

- 头部接触地面，双臂的前臂放在头部两侧，成三脚架姿势，用三个点支撑身体。
- 在用三脚架姿势保持平衡的同时，向上举起双腿至头顶正上方。
- 脚趾向上，拉伸整个身体。

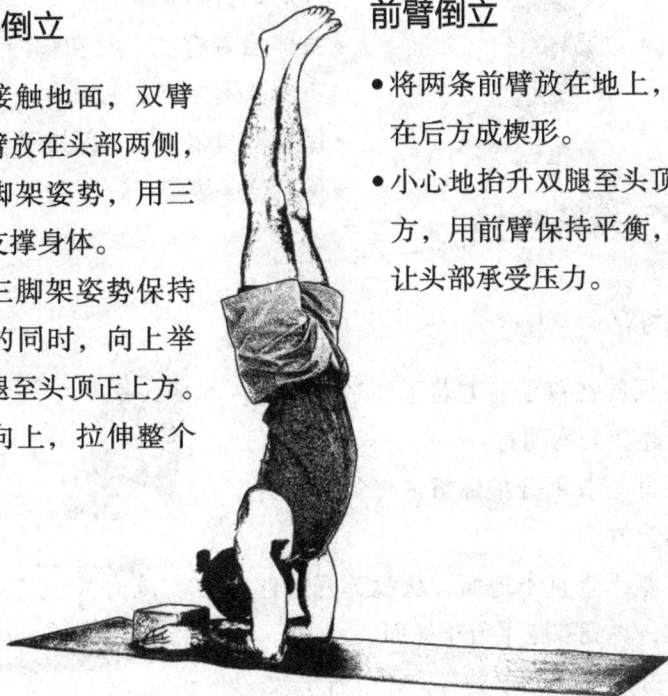

前臂倒立

- 将两条前臂放在地上，身体在后方成楔形。
- 小心地抬升双腿至头顶正上方，用前臂保持平衡，不要让头部承受压力。

下颌倒立

- 跪下，双手与肩同宽，放在身体前方的地上。
- 胸部向下，轻轻地将下颌放在地上。
- 肘关节夹紧肋骨，作为基本支撑，每次小心地向上抬高一条腿，直到双脚指向天空。
- 用双臂承担大部分体重，来保护颈部。
- 双脚并拢，双腿伸展，保持姿势并呼吸若干次。

头顶倒立

- 将头顶放在双手前方若干厘米的地上。
- 肘关节弯曲 90 度，眼睛的余光要看到双手。
- 在达成这一姿势后，每次向上抬起一条腿，直到双脚指向天空。
- 身体沿着脊柱、腿和脚伸展，双手推压地面，不要让颈部感受到压力。
- 用肩部与躯干肌肉保持平衡。
- 保持这一姿势，呼吸若干次。

楔形倒立

- 将头顶放在双手前方若干厘米的地上。双手距离与肩同宽。
- 用头部与双手分担体重，将骨盆抬升至身体上方。
- 保持躯干垂直于地面，从髋部开始伸展双腿，直到双腿平行于地面。
- 稳定并保持反 L 形姿势，呼吸若干次。

折叶

- 第一人仰卧在地上，举起双腿朝向正上方，身体成 L 形姿势。
- 第二人将大腿上部支撑在第一人的双脚上，躯干从腰部向前倾。
- 第二人的双脚离地，用第一人的双腿支撑身体。

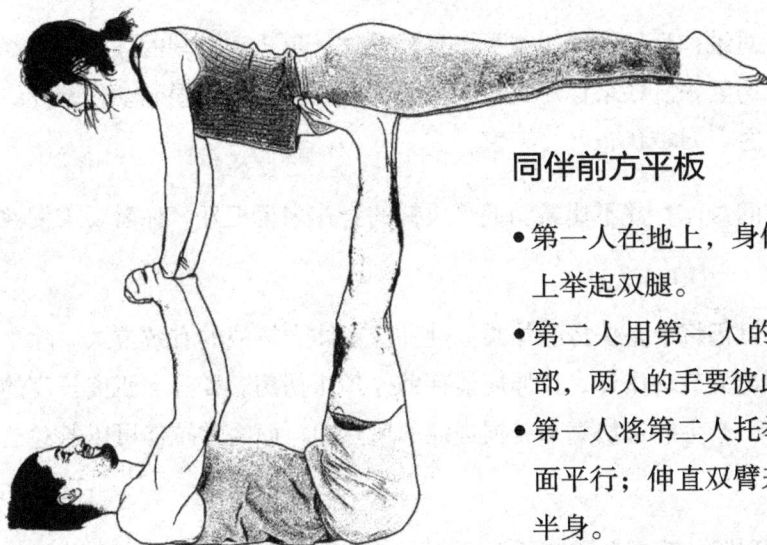

同伴前方平板

- 第一人在地上，身体成 L 形姿势，向上举起双腿。
- 第二人用第一人的双脚支撑大腿上部，两人的手要彼此抓紧。
- 第一人将第二人托举并使其保持与地面平行；伸直双臂来支撑第二人的上半身。
- 第二人伸直双腿，让身体伸展，与地面保持平行。

第13章　拉伸

时代的变迁真是有趣，如果这本书在 20 世纪 80 年代出版，这一章也许要放在开篇的位置。不过，现在我们对拉伸在运动中的意义有了全新的认识。在身体活动之前，进行静态拉伸，已经失宠了，因为这么做会影响动作效率和运动表现。哪怕是过时的概念也不该被遗忘，因为拉伸对健康和运动的意义已经变了。

拉伸是有意识地伸展肌肉，在一定时间内让肌肉长度发生改变。它可以放松紧张的肌肉，但是不能改善关节的功能。现在，"活动性"成了流行的概念，人们使用泡沫轴、曲棍球与弹力带来帮助身体重构组织和改进动作。

今天，拉伸对运动员和健身爱好者们有什么意义？为什么要把它列入运动大百科中？

正确的拉伸，对维护运动功能很重要。重复动作、负重和极端的体力挑战都会导致可预测的肌肉紧张。如果你对此毫不关心，肌肉紧张就会限制动作，导致姿势变形。简而言之：巅峰状态就会结束。

强壮但是僵硬的身体，并不比柔弱但是柔韧的身体来得更好，你需要柔韧性和力量兼备。

拉伸仍旧是并且仍将会是保持身体柔韧性和应对体力挑战的有效方式。除了协助保持正确姿势与关节动作外，拉伸还能帮助你预防伤病。姿势与肌肉长度的变化会将身体暴露于产生痛苦伤病与劳损炎症的风险中，而经常拉伸可以避免这些风险。

假设你已经被说服，现在我们来看看下面几条基本规则。

首先，**热身**。当充分热身后，肌肉才能被更好地拉长。因此，请在训练 / 比赛结束后，或开始前，做几分钟拉伸或是热身。请参考第 1 章中的热身方案，不热身，不见得会受伤，但是运动时的感觉会差一些，效率也可能降低。

其次，**保持每个拉伸动作的必要时长**。为了拉长组织，在拉伸时，你需要维持一定的时长。每个动作至少要保持 15 秒，尽量坚持 30~60 秒。

应当考虑的第三点是，不要害怕将动态元素加入到拉伸中。例如，找一个伙伴，用推 / 拉动作帮助你更充分地完成拉伸，这是改进柔韧性的好办法。利用重量训练完成一些动作，是另一个好办法。与之类似，在做一个拉伸动作时，先收缩再放松对侧肌肉，可以达到更好的训练效果。

本章中有 98 个拉伸动作，你能完成的动作越多，你的综合运动能力就越强。根据你目前的健康水平，有些动作是绝对必要的，而另一些并不是刚需。如果你喜欢针对某一组肌肉的强度很大的运动，就多花些时间去拉伸那个部位。

收拾出一片空间，放松身体，用拉伸来恢复身体柔韧性吧。

前倾小腿拉伸

- 双手在地面作为支撑，一条腿置于身后，另一条腿抬起。
- 后方腿脚跟落地，拉伸小腿。

腓肠肌拉伸

- 一条腿置于后，膝盖伸直，脚跟落地。
- 将双臂放在墙上支撑身体。
- 后方脚的脚跟落地，髋部前移。

比目鱼肌拉伸

- 与腓肠肌拉伸姿势类似，让后方腿的膝盖稍稍弯曲。
- 感受小腿下方和深层的拉伸。

台阶拉伸

- 踩在台阶的边缘，让一只脚的脚跟在台阶后方。
- 只用脚趾踩在台阶上作为支撑。
- 让脚跟向下运动，感受到拉伸。

墙壁足部拉伸

- 将一只脚的脚趾和跖球部位顶在墙上。
- 身体面向墙壁前倾，感受足弓与小腿的拉伸。

毛巾足部拉伸

- 坐在椅子的边缘，将毛巾缠住脚的跖球部位，双手握住毛巾两端。
- 伸直腿，向上拽毛巾，让脚趾接近脸。

跪姿小腿拉伸

- 单膝跪地，另一条腿置于身体前方，将脚平放在地上。
- 将双手放在前方腿的膝盖上按压，重心前移。
- 保持脚跟踩在地上，让膝盖超过脚趾，拉伸小腿。
- 保持姿势呼吸几次，然后继续向下按压。

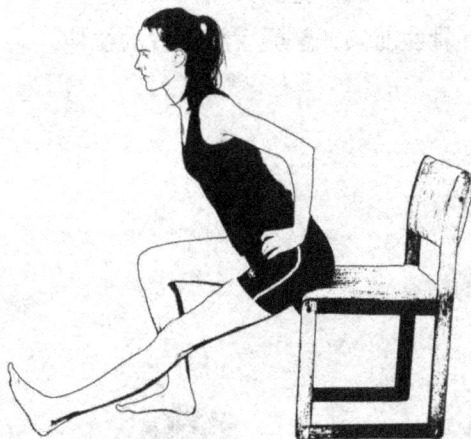

坐姿腘绳肌拉伸

- 坐在椅子边缘，一条腿在身体前方伸直，脚跟着地。
- 抓住腰部前方的骨节，骨盆前倾。
- 不要让脊柱成弓形。

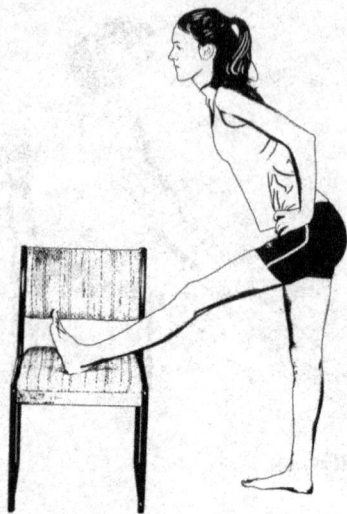

支撑腘绳肌拉伸

- 坐在长凳上，一条腿向前伸直。
- 另一条腿放在椅子下方。
- 骨盆前倾，拉伸腘绳肌。

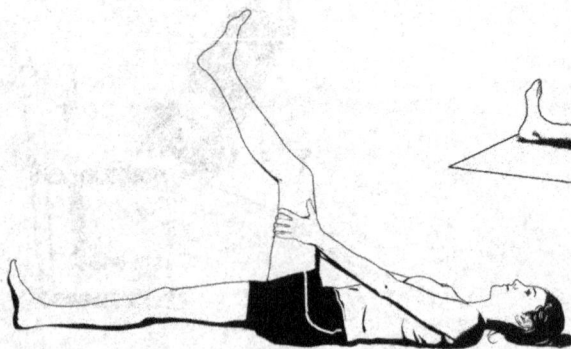

站姿腘绳肌拉伸

- 站姿，将一只脚的脚跟放在椅子上。保持膝盖伸直。
- 骨盆前倾，感受大腿下方的拉伸。

仰卧腘绳肌拉伸

- 仰卧，抬起一条腿，从后面抓住大腿部位。
- 尝试伸直膝盖，将脚向正上方举起。

仰卧腘绳肌拉伸变形

- 仰卧，抬起一条腿，抓住小腿部位。
- 向胸部牵拉腿，尽量保持膝盖伸直。

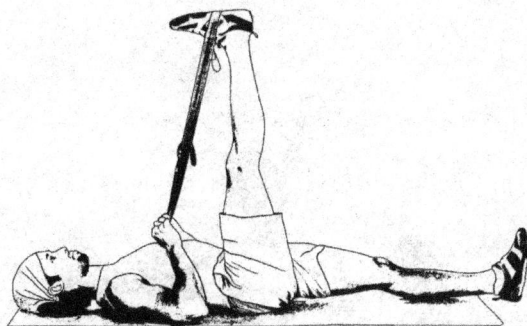

弹力带腘绳肌拉伸

- 仰卧，将弹力带系在一只脚的足弓位置。
- 拽着弹力带向上抬腿，保持膝盖伸直。

墙壁腘绳肌拉伸

- 仰卧，骑在门框或是墙壁拐角。
- 一条腿靠在墙上，另一条腿平放在地上。
- 一只脚沿着墙壁向上移动，让髋部接近墙壁。

面壁腘绳肌拉伸

- 将一只脚顶在墙上，与髋部齐高。
- 骨盆前倾，拉伸腘绳肌。

跪姿腘绳肌拉伸

- 单膝跪地，另一条腿向前伸直。
- 伸直前方腿的膝盖，骨盆前倾。

蹲姿腘绳肌拉伸

- 站姿，双腿两倍于肩宽。
- 一只脚的脚跟落地，身体向这只脚的方向旋转。
- 伸直膝盖，身体自腰部前倾，让胸部靠近伸直的腿。

双腿身体前倾

- 坐姿，双腿在身体前方伸直。
- 身体自腰部前倾，去触摸脚趾，尝试让胸部贴近大腿。

单腿身体前倾拉伸

- 坐姿，一条腿向前伸直，另一条腿弯曲，足底对着伸直腿的大腿。
- 骨盆前倾，去摸伸直腿的脚趾。

站姿股四头肌拉伸

- 单脚站立，抓住另一只脚的脚尖，让脚后跟靠近臀部。
- 如有需要，扶着墙壁保持平衡。
- 保持膝盖指向地面。

有支撑股四头肌拉伸

- 将一只脚的脚背放在箱子或凳子上，保持膝盖弯曲，对着地面。
- 髋部稍稍后移，让臀部靠近脚跟。

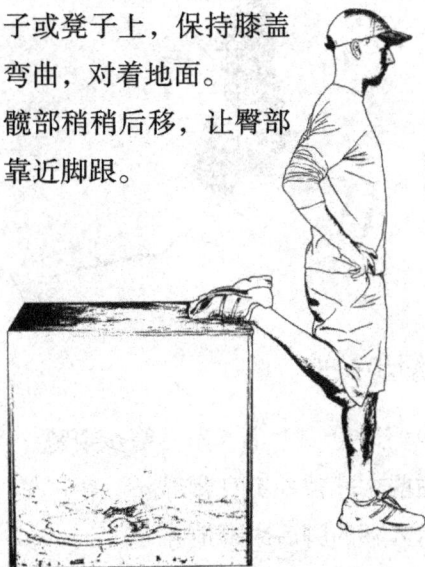

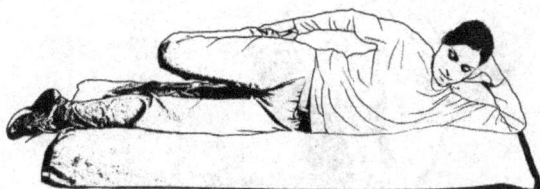

侧卧股四头肌拉伸

- 侧卧，弯曲上方腿。
- 抓住脚背，将脚跟拉向臀部。

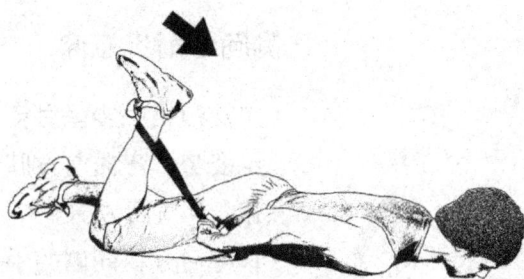

俯卧股四头肌拉伸

- 俯卧，用一个弹力带系在一只脚的脚踝。
- 拽住弹力带，让脚跟靠近臀部。
- 不要让骨盆离开地面。

股四头肌深度拉伸

- 单腿跪在地上，一只脚在身体前方，另一条腿的膝盖在身体后方作为支撑。
- 双手抓住后方脚的脚背。
- 将后方脚的脚后跟向臀部牵拉，髋部向前向下运动，以进一步拉伸。

股直肌拉伸

- 单腿跪在地上，一只脚在身体前方，
  另一条腿的膝盖在身体后方作为支撑。
- 抓住后方脚的脚背，向着臀部拉伸。

弓箭步拉伸

- 向前迈出一大步，呈弓箭步姿势，弯
  曲前方膝盖并挺直背部。
- 后方脚的脚后跟离地。
- 髋部前移，感受后方腿大腿部位的拉伸。

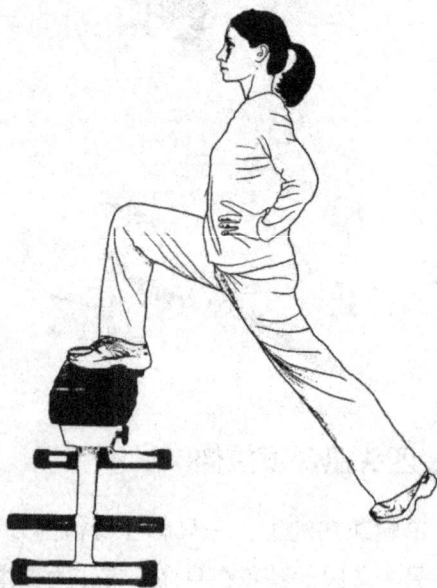

侧向弓箭步拉伸

- 向前迈出一步呈弓箭
  步姿势，弯曲前方膝
  盖，伸直后方腿。
- 举起后方腿同侧的手
  臂，身体朝向前方腿
  一侧倾斜。

抬腿弓箭步

- 将前方脚放在凳子或箱子上，伸直后
  方腿。
- 髋部向前向下移动，呈弓箭步姿势。

深弓箭步拉伸

- 一条腿的膝盖着地，另一条腿尽量伸向前方，平稳踩在地上。
- 将双手放在地上，尝试让双肘落地。
- 髋部下移。

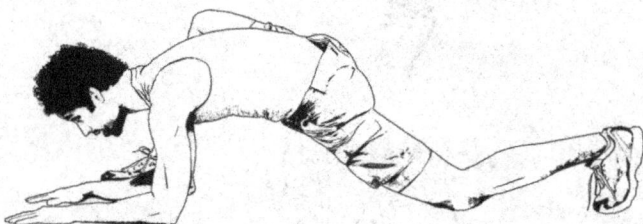

信鸽式拉伸

- 一条腿在身体后方伸直，另一条腿蜷曲在身体下方，大腿外侧接触地面。
- 髋部下移，但是不要让躯干发生侧向旋转。

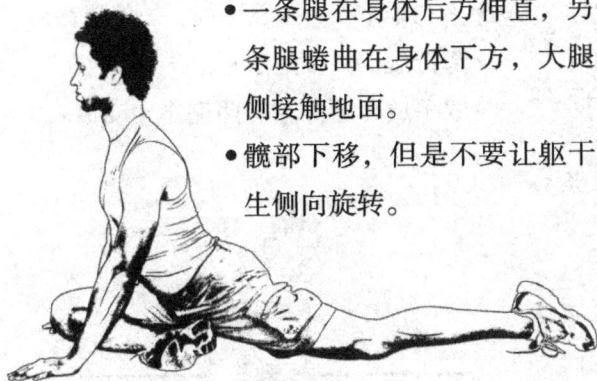

高级信鸽式拉伸

- 与信鸽式拉伸的基本姿势类似，抓住后方脚。
- 将脚向臀部牵拉，拉伸后方的膝盖。

单腿过头拉伸

- 以站姿开始，将双手放在地上。
- 一条腿在身体后方几十厘米，脚踩在地面上。
- 向上抬起另一条腿，越高越好。
- 抬高髋部，让胸部接近地面。

蹲姿阔筋膜张肌拉伸

- 在凳子旁边单腿跪下，用凳子作为支撑。
- 髋部前移，躯干向远离下方腿的一侧倾斜。
- 变形：在完成身体侧倾动作时，将外侧手臂举过头顶。

竖式劈叉拉伸

- 坐在地上，一条腿在前，一条腿在后。
- 降低髋部高度并放松。
- 双手放在腰部左右两侧作为支撑。

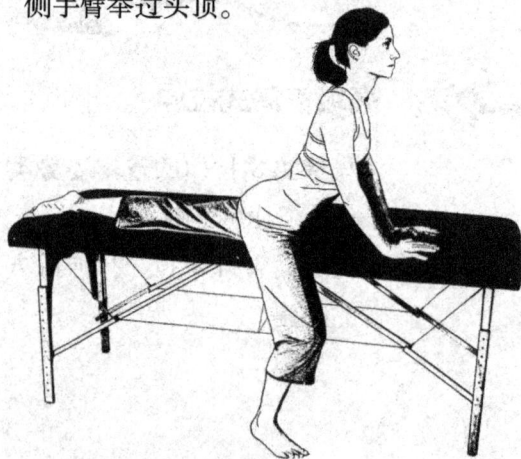

有支撑髋屈肌拉伸

- 将一条腿向后放在桌子上，保持前方脚踩在地上。
- 将双手放在桌子上支撑躯干。
- 髋部前移，拉伸后方腿的大腿和腹股沟。

倚靠式髋屈肌拉伸

- 在地面上用一侧肘关节支撑身体，双腿分开，向后牵拉上方腿。
- 进一步向后牵拉上方腿，感受大腿前方的拉伸。

沙发拉伸

- 跪下，一条腿在后，将脚背顶在箱子、凳子或是墙壁上。
- 将膝盖放在地上，保持躯干垂直于地面，让骨盆接近抬起的脚。
- 伸直前方腿，进一步拉伸。

桌式髋屈肌拉伸

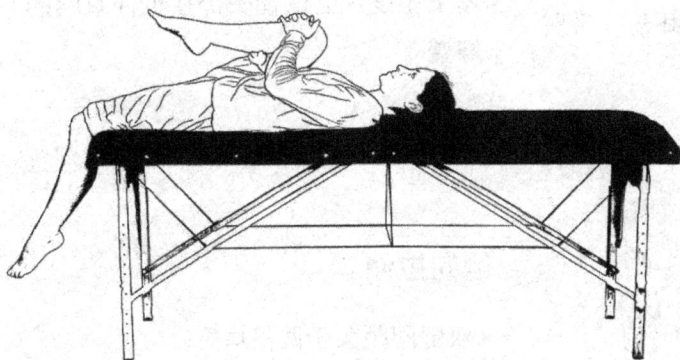

- 坐在桌子边缘上，将一条腿的膝盖向胸前牵拉，另一条腿放在桌子边缘，让其自然下垂。
- 仰卧在桌子上，将上方腿的膝盖收紧在胸前。
- 变式：让同伴向下按压下方腿。

有支撑髋屈肌与股四头肌拉伸

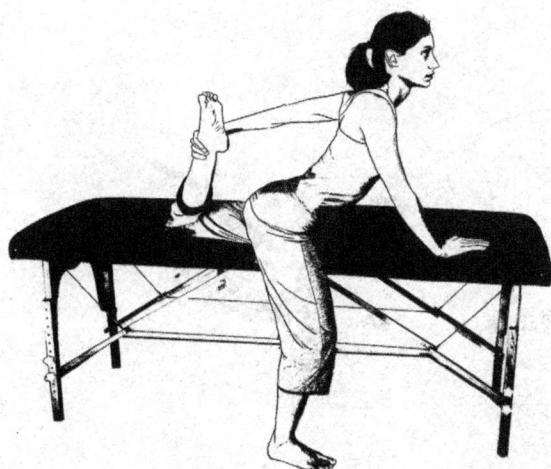

- 按照与有支撑髋屈肌拉伸相同的姿势趴在桌子上，一条腿在后，抓住这条腿的脚背。
- 将脚向臀部牵拉，同时将大腿压向桌子。

腹股沟拉伸

- 站立，双腿至少两倍于肩宽。
- 向一侧腿倾斜身体，弯曲膝盖，将肘关节放在大腿上。
- 向伸直腿的对侧倾斜，拉伸大腿内侧。

哥萨克拉伸

- 站姿，双脚至少两倍于肩宽。
- 一条腿屈膝并下蹲，另一条腿伸直，将脚跟放在地上。
- 增加难度：尝试让头部接近伸直腿的膝盖。

侧向拉伸

- 双腿间距大于两倍肩宽。
- 髋部下降，双脚左右大幅分开。
- 将双手放在地上作为支撑。

墙壁拉伸

- 仰卧，将臀部顶在墙上，抬起双脚至头部上方。
- 放松髋部，让双腿靠在墙上并左右分开。

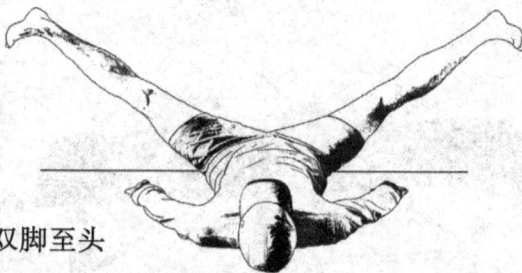

侧向髋部拉伸

- 将一侧手臂举过头顶并倚靠在墙上。
- 靠墙的脚向后踏出，绕过对侧脚的脚踝。
- 髋部向墙壁移动，感受对靠墙那条腿的拉伸。

蝴蝶拉伸

- 坐姿，双膝弯曲，双脚靠近腹股沟。
- 抓住双脚脚踝，用肘关节顶在膝盖上，将双腿大腿分开。
- 身体向前倾斜，让胸部去接近脚。

髂胫束拉伸

- 一条腿在身后与另一条腿交叉。
- 髋部向前方和后侧腿倾斜。
- 将一侧手臂放在墙上或是横杆上，支撑躯干。

双腿交叉髋部拉伸

- 仰卧，弯曲双膝。
- 将双腿交叠。让髋部向下方腿的一侧倾斜。

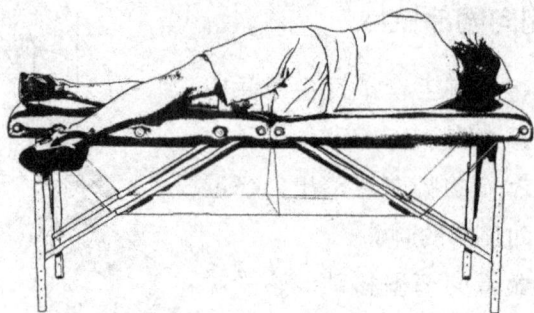

侧卧髂胫束拉伸

- 在桌子上侧卧。
- 上方腿在身体后方斜向下垂。
- 不要让髋部或躯干向后旋转。

髋部内旋拉伸

- 仰卧，双膝弯曲，将双脚平放在地上。
- 双腿的大腿左右分开，将一侧膝盖向着另一侧腿的内侧降低。

双腿交叉前倾拉伸

- 双腿交叉，将双脚平放在地上。
- 向前弯腰，双手触地。

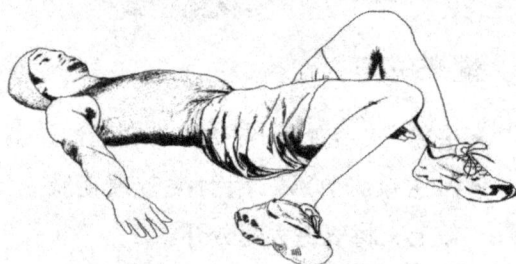

交叉拉伸

- 仰卧，双臂左右展平。
- 抬起一条腿并与另一条腿交叉，保持下方腿膝盖伸直。
- 保持肩部平放，尝试在地上触摸上方腿。

低位坐姿 "4" 式拉伸

- 坐姿，双膝弯曲，双臂在身体后
  方伸直作为支撑。
- 抬起一条腿，将脚踝放在对侧腿
  的膝盖上。
- 轻轻将胸部向前移动，让髋部获
  得更充分的拉伸。

有支撑 "4" 式拉伸

- 用肘关节在凳子上支撑身体，保
  持双脚位于身体前方，髋部离地。
- 将脚踝放在对侧膝盖上方。
- 慢慢降低髋部，获得更充分拉伸。

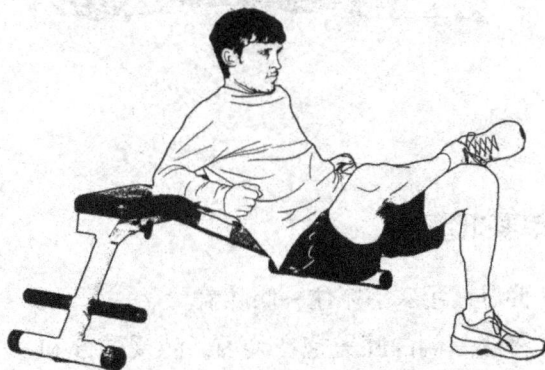

高位坐姿 "4" 拉伸

- 坐姿，双腿在身体前方伸直。
- 抓住一侧膝盖，放在另一条腿的上方。
- 向胸前抬起上方腿，拉伸臀部。
- 变式：抓住脚踝，帮助髋部获得更充
  分的拉伸。

仰卧 "4" 式拉伸

- 仰卧，双膝弯曲，将一侧脚踝放在对
  侧的大腿上。
- 将双腿向胸前牵拉，感受臀部的拉伸。

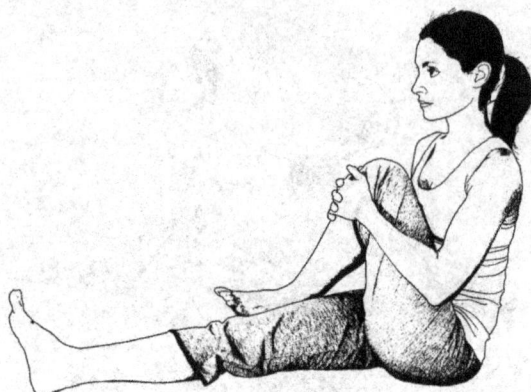

长坐姿"4"式拉伸

- 坐姿，双腿在身体前方伸展。
- 抱住一条腿的膝盖，让这条腿从上面绕过另一条腿。
- 将膝盖抱在胸前，拉伸臀部。
- 变式：抓住脚踝，进一步拉伸髋部。

单膝抵胸

- 仰卧，用双手抓住一侧膝盖。
- 将这一侧的膝盖抱在胸前，感受髋部和下背部的拉伸。

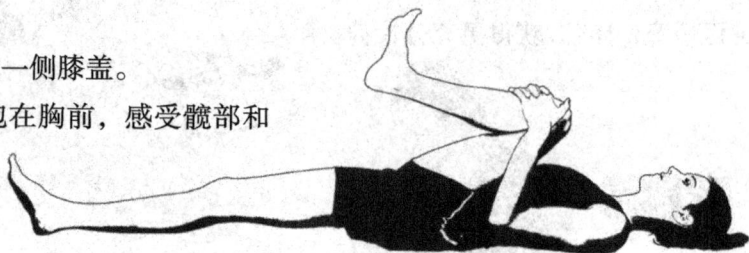

双膝抵胸

- 仰卧，双手抱住双膝。
- 将双膝抱在胸前，感受髋部和下背部的拉伸。

前倾拉伸

- 站立，双脚与肩同宽。
- 躯干自腰部前倾，双手触地。
- 躯干向地面下垂。
- 保持呼吸。

蹲姿拉伸

- 双脚与肩同宽，脚趾指向前方。
- 降低身体，进一步拉伸并低下头。
- 将脚跟放在地上，打开髋部，这样可以增加下蹲的幅度。

蹲姿膝盖拉伸

- 下蹲到最低程度，将双手放在一侧膝盖的内侧。
- 用手将膝盖向外推，让髋部达到更大范围的旋转。
- 保持一会儿，换为另一侧。

蹲姿转体

- 下蹲到最低程度，将一只手放在对侧腿上。
- 用手抓住脚踝，协助将身体转向一侧。
- 尽量旋转胸部，将另一只手举过头顶，拉伸。
- 保持姿势呼吸若干次，换身体对侧重复动作。

蹲姿向后拉伸

- 下蹲到最低程度，双手向后伸展，在腿的后方抓住脚的后侧。
- 将上臂放在腿的内侧，用上臂将膝盖向左右分开。
- 双手推动，进一步降低坐姿。
- 尽量挺直胸部，放松身体，改进大腿的活动性。

正坐拉伸

- 跪下，双脚与双膝并列，让脚趾指向后方。
- 降低髋部，尝试坐在脚跟上，尽量屈膝。
- 向后倚靠身体，以更大强度来拉伸股四头肌和脚踝。

下肢旋转拉伸

- 仰卧，双膝弯曲，双脚平放在地面上。
- 双膝在身体一侧上下排列，旋转躯干的下半部分。

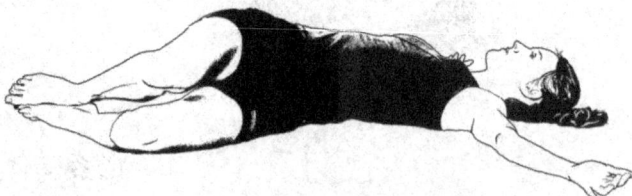

侧向倚靠拉伸

- 侧卧，双腿伸展，上方腿弯曲。
- 将双手放在地上，靠近胸部的位置，支撑躯干。

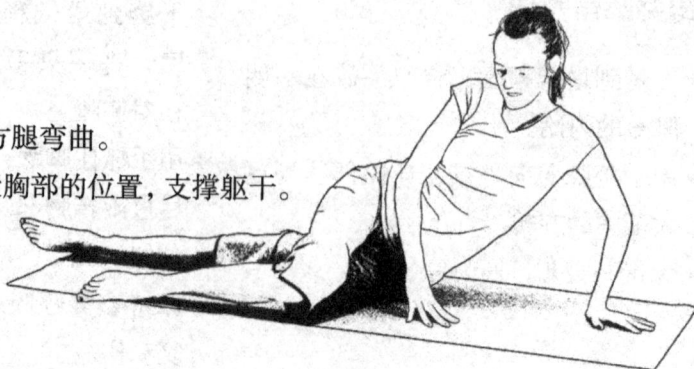

跪姿躯干旋转

- 用四肢支撑身体，双手与膝盖均匀承担体重。
- 向正上方举起一侧手臂，躯干向这一侧旋转。
- 变式：将一侧手臂置于对侧手臂与腿之间，而不是举起。

站姿侧向拉伸

- 站立，双脚比肩略宽。
- 向上举起一侧手臂，另一只手放在同侧大腿的外侧，躯干向侧面弯曲。

头部侧向拉伸

- 举起一只手，放在对侧头部侧面。
- 向侧面按压头部，但是不要旋转。
- 抓住椅子的边缘，不要让对侧肩向上移动。

提胛肌拉伸

- 一手按住头部后方。
- 向一侧的下方按压头部，如同看向腋下位置。
- 另一侧肩部不要向上移动。

颈部弯曲拉伸

- 双手 10 指相扣，放在头部后方。
- 下颌内收，向前方胸部按压头部。

肩胛提肌拉伸

- 一只手越过肩部上方放到背后，另一只手按住头部后方。
- 向一侧的下方按压头部，如同看向腋下位置。

肩颈拉伸

- 双手放在背后，一只手抓住另一只手的手腕。
- 向下拉伸肩部，头向相反一的侧倾斜，拉伸颈部。

斜角肌拉伸

- 双手放在背后互相抓握，防止肩部向上移动。
- 抬起头，扭向一侧，以对角线方向向后仰头。
- 感受对颈部前方一侧的拉伸。

上背部拉伸

- 双手相互抓握，在胸部前方伸直手臂。
- 低下头，使背部弯曲，感受对肩胛骨之间部位的拉伸。

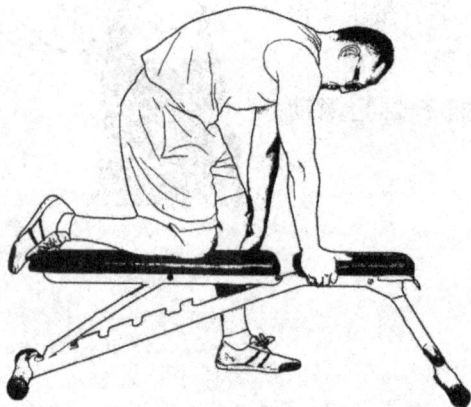

凳子中背部拉伸

- 将一侧膝盖放在凳子上，用同一侧的手抓住凳子边缘。
- 背部向上耸，让肩部远离手。
- 增加难度：用手抓住对侧的凳子边缘。

横杆肩背拉伸

- 双手与肩同宽，抓住一根水平横杆。
- 向后坐，肩部向前牵拉，拉伸手臂与后背中部。

横杆中背部拉伸

- 双手抓住一根垂直杆或是门框。
- 弯曲脊柱，躯干向下移动，感受对两侧肩胛骨之间部位的拉伸。

背阔肌拉伸

- 将双手的手掌顶在墙壁上，双手与肩同宽。
- 双脚向后行走，胸部向下移动，感受对双肩部下方部位的拉伸。

W 拉伸

- 举起双臂肘关节至与肩同高，双手指向正上方。
- 两侧肩胛骨向中间移动，感受对胸部的横向拉伸。
- 变式：将前臂放在门框上，向前迈一步，拉伸胸部。

地板肩胸拉伸

- 侧卧，下方手臂在背后伸直，手掌向下。
- 轻轻向着地面旋转躯干，感受对肩部前方的拉伸。

猴式拉伸

- 预备姿势如同桥式动作。
- 伸展一侧手臂，髋部向上移动。
- 对侧手臂向着远处的墙壁伸展，感受对身体侧面和肩部的拉伸。

门框肩胸拉伸

- 用一侧手臂抓住门框或是垂直的杆子，向前迈一步让手臂在身体后方。
- 向远离手的方向旋转躯干，拉伸肩部与胸部。

墙壁肩胸拉伸

- 将一侧手臂放在身体后方的墙上，高度超过肩部。
- 向着远离墙的一侧旋转躯干，拉伸手臂和胸部。

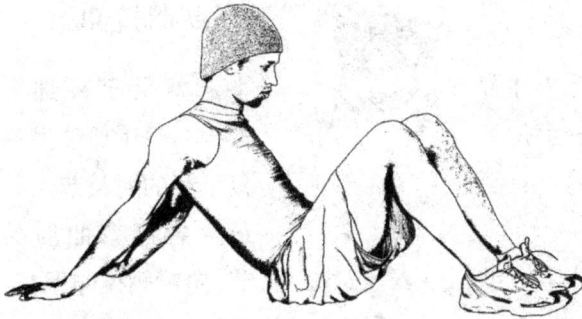

倚靠肩部拉伸

- 坐在地上，双手放在身体后方地上。
- 髋部前移，降低胸部高度，感受对肩部的拉伸。

横杆肩部拉伸

- 双手手掌向下，将一根木棍或塑料软管举起至大腿高度。
- 将棍子举过头，手臂继续向后做绕环运动，直到双手位于背后。
- 结束时，双手位于下背部，然后按照相反顺序回到身体前方。
- 在开始练习时，双手之间可以保持较宽距离。在柔韧性改善后，缩短双手之间的距离。
- 增加难度：拿棍子时，双手手掌向上。

毛巾拉伸

- 双手将一条毛巾在背后拉直，一只手位于头部旁边，另一只手位于骨盆。
- 向上拽毛巾，下方手放松并沿着脊柱抬起，拉伸肩部下方。
- 变式：向下拽毛巾，上方手放松并移动到肩胛骨之间，拉伸肩部上方。

肱三头肌拉伸

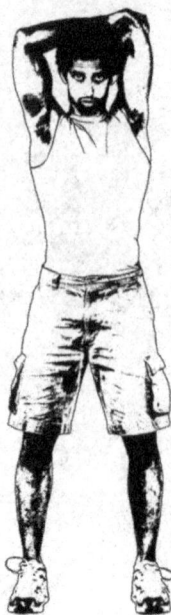

- 举起双臂至头部上方，一只手抓住另一只手臂的肘关节。
- 最大幅度弯曲肘关节，向对侧拉伸手臂，增加拉伸的程度。

棍子外部旋转

- 双手持棍子，弯曲肘关节，让棍子位于上方手臂的肘关节下方。
- 另一只手握住棍子的底部。
- 上方肘关节的高度与肩部相同，下方手向前轻轻拽棍子，让上方手臂获得更大幅度的外旋。
- 保持动作呼吸数次，然后更换为对侧手臂。

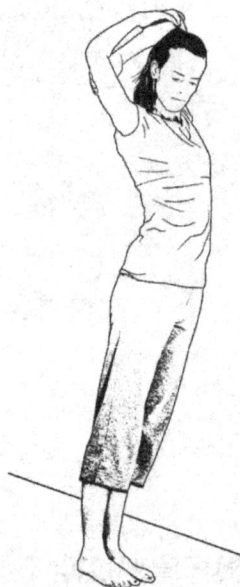

倚靠式肩部拉伸

- 将身体倚靠在墙壁上，一侧手臂举过头顶，将手放在外侧的肩部。
- 用另一只手向墙壁外方向拉伸肘关节，感受对腋窝下方部位的拉伸。

过头肩部拉伸

- 向头顶上方举起双臂，手指交叉。
- 双手向上伸展，双臂向后移动，胸部向前。

后方肩部拉伸

- 一只手抓住对侧肘关节。
- 将手臂向身体前方牵拉，感受对肩部下方的拉伸。
- 变式：肩胛骨向前移动，拉伸背部中央。

手腕旋转拉伸

- 一只手从拇指下方的手腕处抓住另一只手，对手背施加压力，将手掌向着脸的方向旋转。
- 伸直手臂，让拉伸更加充分。
- 变式：采用相反动作，让手掌向远离脸的方向旋转。

手腕曲度拉伸

- 抓住对侧手的手背，在身体前方水平伸直双臂。
- 保持肘关节伸直，向下掰手指，感受对前臂上方的拉伸。

跪姿手腕伸展

- 跪姿，将双手手掌放在地上，手指指向前方。
- 将身体轻轻前移，让肩部超过手腕。

跪姿手腕屈曲

- 跪姿，将双手手背放在地上，手指指向膝盖。
- 将身体向后坐，重心后移，以更大的曲度拉伸手腕。

双手合十拉伸

- 双手手掌相对并贴紧，置于身体正前方。
- 将双手向下移动，双臂肘关节向上移动。
- 变式：颠倒动作顺序，双手手背贴紧并向上移动，双臂肘关节向下移动。

手腕伸展拉伸

- 用一只手抓住另一只手的手掌和手指，伸直双臂肘关节。
- 保持双臂伸直，向后牵拉手，以拉伸前臂。

第14章 综合运用

现在，你学会了许多动作。回忆这些动作，你掌握的动作越多，你的运动能力就越强。现在，把这 1000 多个动作作为"食材"，你能用它们创作出无数的训练"菜肴"。将不同的动作组合成为有效的训练计划，你就能有效地增强体能和运动能力。

虽然本书是一本提供具体练习方法的健身菜谱，我们依旧可以研究如何设计训练计划。一旦你理解了如何去制订训练计划，你的健身过程就不再枯燥了。

总体运动能力与运动专项

小提示：如果你想成为全能型的运动员，能够在越野跑和摔跤之间切换得游刃有余，你就得动脑提高整体运动能力。下面我们要描述的就是增强整体能力的训练，它们能帮你为生活中的所有体能考验做好准备。

如果你正在想办法提高某一运动的能力，那么你就需要更有针对性的训练方法。为了金牌拼搏的田径跳高运动员，没有必要浪费时间跑去健身房练习吊环，对参加比赛的人来说，专项训练更为理想。对普通训练者来说，健康则离不开多样化的运动方式。

制订训练计划的主要原则

热身

在开始进行剧烈的活动前，热身十分重要。缺少了热身，你就容易受伤，至少在某一阶段是这样的。

从第 1 章中，明智地选择一些热身活动，在开始训练前拿出 5~10 分钟激活身体。你的心跳和呼吸都会加快，还会稍稍出汗，你的关节打开了，神经与肌肉也处于活跃状态可以开始活动了。

努力保持平衡

第二步，当你选择训练动作时，记得要同时关注上半身、下半身与核心/躯干。无须多言，你还需要让左右两侧肢体同等程度地参与运动。同理，让同一个关节的左右两侧同等用力。一些肌肉牵引肢体向远离身体的方向运动，另一些肌肉则相反，如果你忽视了让肌肉平衡工作，就会导致肌肉产生缺陷，影响运动能力。

如今流行的是，让对称部位的每个肌肉群都得到有效的锻炼。这不仅仅是宣传，试试让那些用来完成一系列动作的肌肉获得平衡的训练，一两个星期之后，你就可以完成许多复杂动作了。

• 例如，引体向上，弓箭步与跷跷板动作都符合单次练习的概念。但是，如果你每周只练习这些动作，就忽略了对胸部、肱三头肌、小腿、腘绳肌和背部伸肌的训练。

• 同理，就算是俯卧撑、肩部推举、俯身划船一起做，也不能算是平衡训练。但是，如果你把下蹲、直腿硬拉和反向超级拉伸等练习安排在第二天，那就正确合理了。

复合动作

每个训练动作的重点都是多关节参与的复合运动。身体活动，取决于身体诸多部位的协调运作。如果你的练习不包括这样的动作，你就无法获得很好的运动能力。

下半身复合动作	上半身复合动作	全身协调性动作
• 深蹲	• 引体向上	• 拉/举杠铃
• 硬拉	• 俯卧撑	• 过头深蹲、弓箭步、站起
• 踏步	• 胸部与肩部推举	• 推举
• 弓箭步	• 划船及其变式（俯身、使用吊环或横杆的自重练习）	• 抓举
• 跳跃	• 支撑	• 挥舞
		• 土耳其站起
		• 波比跳

养成习惯，在每次练习中加入至少 1~2 个上述动作。

多样化练习

制订你的训练计划时，一个目标就是每年要从本书中选择 10% 的训练动作。这就是说，每年要练习 100 个新动作，或是每周有两个新动作。简便易记原则：如果你每周训练两次，每次加入一个新动作。

记住，复合动作是增强力量的基础，同时局部练习、手与脚的不同姿势等，会让你胜任各种不同的体力活动。有了在每次训练时加入一个独特技巧的习惯，你就能成为素质更全面的运动员。

在选择动作时，请考虑下列问题。

• 你选择的动作，能否衍生出其他动作？在练习时，使用引体向上支架、杠铃、药球、平衡杆、吊环、壶铃、哑铃和沙袋等你所拥有的每一件物品。

• 动态与静态能否相结合？平板支撑、V 形坐姿这样的等长练习，支撑或是杠杆动作之类的健身姿势，对强化全身力量很重要，不要忽略它们。

• 是否包括了爆发力训练？可以是投掷药球，跳箱子或是拍手俯卧撑，你的训练中应当包括一些爆发力或超等长动作。

• 你能设计只用一种工具完成的动作吗？只用一种工具，是设计动作的有趣尝试。例如，在公园的长凳上，你能完成 3 种什么动作？如果你在度假，想做些快速练习，这就是最方便的方法。

• 是不是从单侧肢体运动变为双侧肢体运动？在现实生活中，我们不是在所有场合，都会同时使用双侧肢体完成动作。除了模仿现实场景中的动作，单侧动作也能帮助你增强稳定性与核心力量。

循环结构

在最为基础的水平，你的训练应当是几个不同动作的循环，例如 3~5 个。理想状况是包括上半身、下半身、核心 / 躯干动作。在开始做这些循环练习前，你要先花几分钟去做热身运动，之后，如何进行运动后的恢复，取决于你。

下面是如何选择循环动作的建议。

• 主要练习：选择 1~2 个复合动作，作为练习的主要部分。在做这些练习时，涉及的肌肉群最多，疲劳感最大。如果你要安排两个复合动作，为上下半身各选择一个。

• 补充练习：再选择 2~3 个动作作为主要动作的补充。选择这些动作时，你可以发挥想象力，从等长练习、超等长练习、单侧肢体动作和局部关节动作中选。它们类似于主要练习的肌肉动作，但是难度较低，最好选择那些针对不参加主要活动的肌肉的练习。

作为通用原则，如果你想做一套基本的循环训练，先选择动作，然后做足量的次数（9~16 次）。在下半身，将 3 个动作重复 3 次，就是一次完美的短循环。在上半身，将 4 个不同动作重复 4 次，就是更为长久和更大强度的训练。虽然选择不同组合的原因有很多，但是，作为基本原则，9~16 次的重复，就很有效了。

• 建立动作组合（动作种类 × 循环次数）：3×3，3×4，3×5，4×3，4×4，5×3。

• 时间间隔：除了在循环训练中按照一定的次数完成动作组合，还可以按照一定的时间间隔完成某个或所有动作。例如，60 秒跷跷板，30 秒引体向上，45 秒开合跳等。

变换重点

不论是每次都重复只做一个动作，还是连续数个星期只进行同样的循环，新鲜感都会散去。如果将重点放在不同方面，你就能让身体准备好应对不同挑战。

试试将以下方面作为重点。

• 时间（越快越好）：完成热身后，立即开始按照组数和每组的次数要求进行每个动作的练习，越快越好。用秒表计时，尽快完成训练。注意快不是让动作走形的理由，依旧要保持美观。

• 循环（越多越好）：设定时间限制，比如 10 分钟，在这段期间内，完成的循环次数越多越好。如果你做的循环中包括 4 个练习，就看看在既定时间内，能将这 4 个练习连贯完成多少次，并且达到每个动作的规定次数。如前所述，注意保持合适的强度，随时调整，不要过度用力。

• 质量：先选定每个动作的重复次数，再用最为标准的姿势去完成动作，走样的动作不计入完成之列。对自重训练来说，这是很好的训练形式。一个例子就是做 30 次倒立俯卧撑，20 次吊环前倾支撑以及 3 分钟吊环 L 形坐姿。

• 负重：在这样的训练中，你要在每次练习中举起最大重量。如果是深蹲或者肩部壶铃推举等练习，就要使用最大重量，完成若干次重复。

• 重复：重点在于最多能完成多少次。例如 300 次卷腹、200 个无器械深蹲，以及 50 个引体向上等。

努力

不论你设计的训练计划看起来有多么好，如果不严格执行，就不会有任何收获。为了实现进步，你需要自我挑战，如果在训练中不能做到全力以赴，那就是浪费时间。

多么"难"才算难？

在举重方面，难度意味着这一重量让你在完成指定的重复次数后感到疲劳，甚至接近崩溃。如果你再继续重复，你的动作就会走样，技术水准下降。一旦动作走样，就容易受伤，因此，在达到这一阈值之前，就得停下。

每个动作该重复多少次？这是个难题，去网上搜索，答案千差万别。为了不增加困惑，我希望你思考一些基本标准。除非你最喜爱的运动要求某一特定肌肉组的耐力，最好还是综合考虑局部运动能力、爆发力与综合力量。因此，一般不考虑连续 15 次以上的重复次数。某一动作的大量重复，只能增强肌肉耐力。这不是坏事，只是，它往往不能快速提高运动能力。

因此，最好的方法就是选择两个基本次数区间：3~6 次或者 8~12 次。一般认为较多的重复次数有利于提高局部肌肉耐力，较少的重复次数有利于提高综合力量和爆发力。只重复 1~2 次行不行？可以，但是，强度越大，纠错的余地就越小。我的建议是选择 3~6 次与 8~12 次两个区间，再根据具体需要增减重量。一些动作的重复次数可以多一些，另一些动作的可以少一些，在经过数月的尝试后，看看身体反应如何。

现在，如果你想用自重训练来增强力量，就需要运用不同的方法——不能只是追加器械的重量。动作是如此简单，你做几十次都不见得会疲劳，但你需要逐渐改变身体重心，让肌肉承担的重量逐步增加。一个简单的例子就是从倾斜式（胸部高度）俯卧撑过渡到常规俯卧撑，然后是脚在上方的反向俯卧撑，随后，还有折刀俯卧撑，接下来就是倒立俯卧撑。

如果你感觉你的能力已经超出了基本的自重训练技能，添置一件重量背心是个继续提升技能的好主意。你也可以开始尝试更难的静态动作，比如平板支撑或杠杆。

一起练习

当人们一起训练时，就会产生奇妙的化学反应。当你有了一位训练同伴，或是一群一起训练的好友，你就会比单枪匹马时更加努力。有了同伴，拈轻怕重、偷偷减少重复次数甚至缺勤的情况就会减少，额外的热情会让训练变得格外有效。

与同伴一起训练包括以下好处。

• 减压：人是社会动物，做集体练习，我们都能摆脱工作的压力。

• 责任：既定的训练计划是保持健康的理想工具，如果你知道有人正在期待与你一起锻炼，就更不容易缺勤。

• 同伴技能：即使是身边只有一个同伴，也具有了采用更多新动作的可能性。这不仅仅限于投掷药球和搬运行走。

• 观察：当你尝试更大重量和新动作时，如果能有一个人在旁边监督和保证你的安全，这是再好不过的。除了防止损伤，观察员还可以指出你的动作错误，帮助你改进技术。

休息与恢复

训练前的热身十分重要，训练后的休息与恢复同样重要。从微观层面看，让训练时使用的肌肉休息一天，然后再去训练，这是很明智的。从宏观层面看，在经过几周（或是数月）的大强度训练后，休息一周，是个好主意。如果没有充足的休息，神经与内分泌系统就会不堪重负，从而导致运动能力下降。

"过度训练"一词被用来描述持续进行大强度训练的时间过久，运动能力开始下降。喜欢运动的人，一定要避免过度训练，它会阻碍你获得良好的运动表现，请一定牢记。

在两次训练之间，选择前文中的拉伸与瑜伽动作，保持柔韧性、正确姿势以及形体。如果不能维持身体的柔韧性，所有增强力量与爆发力的训练就会被抵消。另外，你也可以研究使用弹力带、球和泡沫轴的活动性练习。

睡眠与营养是休息与恢复的最后一部分。请保证让你的身体通过足够的睡眠和充足的营养来获得恢复。如果总是吃垃圾食品、睡眠不足，你的运动能力同样不会提高。

忘掉一切，尽管去动

一想到与训练动作和提高运动能力有关的因素，就感觉毫无头绪，这很正常。同理，为了训练而训练，同样也是陷阱。但是，就算设计了非常有效的训练计划，每次也都全力以赴，却体会不到乐趣，又有什么意义呢？

如果前几页的内容和数以百计的不同训练动作，已经让你看得头晕，那就忘掉它们吧。

运动就是答案！

你正在读一本内容丰富的训练动作百科全书，但是，它并没有完全展示人能完成的所有动作。这数百个动作，是你探索身体能力的跳板，将不同动作排列组合，就可以得到数以百计的新动作。

　　首先，要记住选择运动锻炼的理由：增强体能，从事能带给你快乐的运动。虚弱和僵硬的身体，不能与强壮又柔韧的身体相比，选择释放出全部体力和最佳运动表现吧。

　　当你不知道下一步该做哪种健身训练，或是训练停滞不前时，只管去享受，探索活动身体的新方法。在不断加长的技能清单上加入基本动作，用体力挑战，测试自己的运动极限吧。

> 当你的胸口不再一起一伏地呼吸，你的运动旅程方告终结。
>
> 运动是生命的关键含义，停止运动，意味着死亡。
>
> 永远不要停止运动。

作者简介

　　本·马肖特（Ben Musholt）是美国俄勒冈州波特兰市的物理治疗师和企业家。在不从事教练工作或是在帮助客户进行康复时，他会在太平洋西北沿岸做些户外运动。

　　他的目标是每天完成至少 3 种趣味的健身运动。

　　好运，坚持！